新自然主義

用遊戲陪伴孩子走過情緒風暴

培養孩子的IQ、EQ、AQ、MQ能力！

芙樂奇心理諮商所所長

張雅淳 著

Ch1 孩子為什麼需要遊戲？

　　玩遊戲是孩子的天性，但孩子遊戲真的只有「好玩」嗎？在「遊戲」的過程，孩子不只「重現」了他的生活，也在遊戲中「解決」現實的「困境」。陪孩子遊戲，比爸媽認為的還要重要喔！

Ch2 給孩子說出口的勇氣：
　　　表達類玩具

　　黏土、水彩、色紙等可以「創造」的玩具，能提供孩子最大的「自由空間」，而孩子創造出來的「成品」，往往也是孩子最想跟大人說的「心裡話」。爸爸媽媽，您聽到了嗎？

Ch3 助孩子獲得情感慰藉：撫育類玩具

扮家家酒玩具是孩子最喜歡的遊戲之一，重現家庭的「生活情境」，透過「親子角色」的互動遊戲，除了減緩孩子的現實挫折感，同時也提供孩子「演練」的機會，和孩子一起扮家家酒，爸爸媽媽您看到您和孩子生活的縮影了嗎？

Ch4 教孩子面對生活挑戰：
　　扮演類玩具

現實生活對成長中的孩子來說，有各種的挑戰，有令人
害怕的打針經驗，讓人受挫的人際互動及學校課業等，在
模擬社會情境的遊戲中，孩子的「練習」是最大的「養分」，
爸爸媽媽有您的陪伴，孩子會更快適應喔！

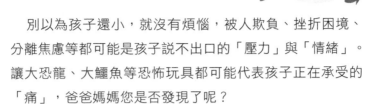

Ch5 讓孩子呈現情緒困境：
恐怖類玩具

別以為孩子還小，就沒有煩惱，被人欺負、挫折困境、分離焦慮等都可能是孩子說不出口的「壓力」與「情緒」。讓大恐龍、大鱷魚等恐怖玩具都可能代表孩子正在承受的「痛」，爸爸媽媽您是否發現了呢？

Ch6 為孩子提供心情解方：宣洩類玩具

孩子生氣時，如果家長也跟著動了氣，只會「火上加油」，反而無法找出造成孩子焦慮的「兇手」。陪孩子丟丟球吧！透過大肢體動作舒緩孩子的情緒壓力，或許您將發現，孩子正需要您的陪伴與支持呢！

本書是給家長與老師最好的遊戲陪伴指南

　　遊戲是孩子的語言，在遊戲中可以紓解孩子的情緒、看見孩子的需要、修復過去的經驗和適應生活的轉變等。這是一本可以引導家長在陪伴孩子時，選擇合適遊戲媒材或物件互動的工具書，讓遊戲不只是遊戲。在「諮商小劇場」中，有共鳴、有感動，亦提供助人工作者檢核孩子在遊戲治療歷程中的轉變與療效。

嘉義縣朴子市大同國小校長
台灣師範大學教育學博士

近年來台灣少子化問題日益嚴重，加上各種育兒資訊混雜的情況下，兒科醫師除了處理小朋友的急性疾病外，也可以明顯感受到家長在育兒方面所面臨的各種心理壓力。

另一方面，現代幼兒也因為身處快速變遷的科技文明社會，導致成長過程面臨比父母輩更複雜的童年時期，兒童及青少年的心理問題也逐漸增加。這些狀況往往讓兒科醫師覺得心有餘而力不足。

此時，雅淳諮商師透過第一線實作的寶貴經驗，為辛苦育兒的各位帶來鼓勵和建議。邀請大家一起讀讀這本有趣的書，除了能更加瞭解並幫助自己的孩子，說不定還能與自己的童年再次相遇，解開以往過不去的心結，和孩子一起成長及面對這個充滿挑戰的世界。

小兒科醫師

遊戲是孩子的語言、表達與溝通方式，更是孩子在成長過程中學習與理解情緒的重要管道。長期投入於兒童心理諮商與遊戲治療的張雅淳博士，在這本書中藉由一篇又一篇的個案故事，讓我們理解可以如何使用不同媒材的遊戲和玩具來幫助孩子處理情緒與面對生活中的壓力與逆境。

　　非常推薦家長與老師們閱讀這本書──你會發現，原來遊戲對孩子來說這麼重要，以及原來日常生活和孩子互動中，我們都可以融入遊戲來陪伴孩子處理各種情緒。

美國諮商教育與督導博士　留佩萱

市面上許多心理諮商專書多是來自國外的案例，雅淳心理師則將自己與兒童以及父母的治療工作經驗，寫成這本貼近現場，適合身為父母或老師閱讀的著作。

　　我自己在教育背景中，有諮商輔導的經驗，擔任校長任內，也經常接觸焦慮的父母以及行為偏差的孩子，雅淳心理師此時出版的這本書，正好可以做為現場教育工作者的工具書，具有高度的價值，不管是父母或師長，當遇到需要幫助的兒童，經常翻閱，也可以從中獲得許多啟發的想法。

台中市西屯國小校長　彭偉峰

理解是改變的開始：透過遊戲和玩具來貼近孩子、理解孩子

在國小場域服務近 20 年，有著諮商輔導專業訓練（博士及諮商心理師）背景的我，從導師、主任到身為校長，感覺在這變動的世界中，孩子所面臨的挑戰越來越高，家長在教養因應的焦慮感也相對提升。身為教育系統的一員，體認到家長、教師、行政、助人專業工作者和社區都應該共構有利於解決孩子「問題」的網絡，並相互支持和回應。

孩子遭遇的「問題」，要能被知覺、接住、回應，進而有效解決，仰賴的先決條件就是要有夠好的（good enough）的照顧者（家長、教師和助人專業工作者），同時這些關鍵的照顧者，也要有能力掌握孩子的「表達形式」，去貼近孩子的經驗，釐清問題的樣態來做最適切的反應。特別是年紀越小的孩子，他們使用語言的純熟度和複雜度還未成熟、不足以具體陳述時，就更需仰賴照顧者去跟隨

（follow），從孩子投入的大量活動（通常是遊戲）去觀察，或從其應用的「媒材」所表達的訊息，來拼湊意義、經驗的全貌。

雅淳心理師以多年實務經驗整合學理，用深入淺出的敘寫結構，為家長、教師和助人專業工作者，描繪出孩子常常遭遇的「問題圖像」與「需求層次」，也把能增進成人和孩子「連結」的對話脈絡，以及「遊戲媒材（玩具）」的建議提列出來，這本著作值得推薦給學校、家長，以及和兒童有關的助人專業工作者。

彰化縣永興國小校長 · 彰化師大輔導與諮商博士
教育部教學卓越金質獎／校長領導卓越獎／師鐸獎　吳寶嘉

善用孩子遊戲天性的親子互動好書

記得小時候因為家境因素，家裡無法買玩具，父親常有智慧的運用日常生活素材，和我們一起動手製作玩具，例如將白蘿蔔挖空，剩下薄薄外皮，插上蠟燭做成元宵節花燈，手提這獨特的花燈，羨煞其他小朋友；而，蘿蔔肉繼續食用，超級環保。但最令我難忘的，是親子一起動手做的歷程，父親的愛心與智慧，對我影響非常深遠。

雖然在那個年代裡，我們不懂 IQ（認知記憶與社會互動技巧）、MQ（表現自己想法並認同生活規則）、EQ（情緒表達與情緒調控能力）、AQ（釋放情緒並找到解決困境的方式）等專業用詞，但我仍深深受益。

遊戲是孩子的天性，對需要協助的孩子尤其重要，然而，並不是每個家庭都具備善用玩具，親子一起遊戲的素養，因此一本貼近生活實例的親子遊戲書，其實是家長內心相當渴望的。

本書從表達、撫育、扮演／想像、恐怖、宣洩／攻擊類玩具出發，以每類玩具的功能、特色、代表玩具、療癒成效等，以發生在生活中，活生生的諮商個案實例，深入淺出說明了如何運用各項玩具、一起遊戲，讓遊戲不再只是遊戲，而是在親子在自然互動中產生學習與改變。

本書作者具心理學及家庭教育學雙專長，更具備厚實理論基礎與臨床實務經驗，是一本值得強力推薦的親子遊戲書，期待讀者受用，親子一起營造溫馨、幸福的家，並祝福所有的家庭。

台灣師範大學幼兒與家庭科學學系前系主任　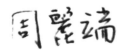

讓親子遊戲成為生活最美好的陪伴

雅淳，是我碩士班同學、好伴侶，兩個孩子的好媽咪。在職涯的成就上，公費分發的正式教師、輔導組長、學輔中心督導。後來她勇敢捨棄公職教職身份，創立諮商所。成了心理師、大學教授，諮商所所長三位一體的身分。

在外人眼中，她完成許多不可思議的成就，但更不容易的是，她以專業兼顧了家裡。我們享受的時間是兩個人的深夜分享。孩子上床睡覺後，我們一起分享著家庭、工作上的點滴。雖然我們都是心理師，但在兒童心理的專業上我真的是望塵莫及，這對我們在孩子教養上有十分有效且享受的討論。

記得某個晚上，我們談論著哥哥最近晚上睡覺在磨牙，我們的對話就像這樣開始了：

我：「不知道是不是我還是把他當老大，希望他可以多照顧弟弟，但他也才小一，可能他也有很多情緒。」

雅淳：「有可能，不過現在學校跟安親班的團隊競賽變多，他表現得也很好，太多的獎勵跟同儕鼓勵讓他一直期待維持第一，得失心讓他太焦慮的原因比較多。那……我最近來跟他單獨約會一下，另外我們最近也讓他多玩一些黏土，回家也可以讓他多玩水，或泡澡都好。」

我：「黏土的功能我懂，可是玩水這是為什麼啊？」

太太：「水是流體，功能跟黏土一樣，可塑性高讓焦慮緩和啊。」

我們聊完後就做了一些安排與計畫，哥哥放學後有一個黏土遊戲時間，那週也讓他有一些玩水的時間，晚上睡覺前也多一些陪伴跟抱抱，一兩個禮拜後沒有再聽到哥哥的磨牙聲了。

另外印象深刻的是，我們注意到幼稚園的弟弟晚餐看到整碗的食物就開始嘆氣。而且只要看到哥哥一吃完，弟弟更是挫折到不想吃飯。我們發現了這個狀況時，太太看到了孩子的挫敗感，因此某天晚上準備了麵食。

雅淳：「弟弟我變一個超強的魔術給你看喔。」

弟弟：「什麼魔術？」

雅淳：（從自己碗中吸一口麵條）「我把麵麵變不見了！」

弟弟：「哈哈哈，這哪是魔術，我也會！（也從碗中吃了一口麵）你們看，我更厲害，把更多麵條變不見了。」

那天晚上沒有催促與責備，孩子們開心且驕傲地完食。

在心理學上，遊戲是兒童的重要溝通方式。我們可以透過遊戲，處理孩子孩子的行為問題，如同上面加速弟弟吃飯、哥哥磨牙等行為上的問題。但親子遊戲的方式，更能表達與緩和孩子的情緒，如同上面處理哥哥的焦慮、弟弟的挫敗。

這本書，深入淺出地呈現雅淳老師、心理師、教授、媽咪這些角色，有效有根據的親子遊戲互動方式，強力推薦給關心家庭與孩子的每一個你！

諮商心理師／督導
台中市立惠文國小家長會副會長　邱惠振

推薦序

用遊戲讀懂孩子的心，
好好接住孩子的情緒吧！

　　還記得第一次接觸雅淳所長，是在某個溫暖的下午，我牽著孩子散步時，接到所長的回電，明明是陌生的邀約，她不但親自回電，還親切又乾脆地答應來我的節目受訪，「聲音溫柔親切沒有距離感」是我對所長的第一印象。

　　在電臺一聊發現，我們的孩子都差不多大，於是大聊媽媽經，分享彼此的育兒經驗。之後每個月的固定訪談合作，所長就像「行走的教養百科」，我一有育兒教養問題就會請教她，而她也都會耐性地聆聽，中肯地建議。這兩年間，我從她身上學習到很多「教養心法」，也讓我發現，原來了解孩子的心，有多麼重要，原來父母真的就是從孩子身上學習如何成為父母。

　　相信每對父母都有這樣的困擾：家裡玩具太多，孩子卻捨不得丟。我也曾經向所長抱怨，孩子明明

都已經上小學了，卻還是在玩扮家家酒遊戲，我一直以為益智類的玩具或桌遊，好像「比較有教育意義」，對孩子應該「比較好」，看了所長的書後，我得到了完全不同的答案。

原來每一種玩具，能帶給孩子的「東西」都不同。父母最害怕、最容易弄得髒兮兮的黏土，原來能降低孩子的焦慮；原來我們以為孩子還不會使用的水彩，能帶給孩子信心；原來我們覺得「幼稚」的扮家家酒遊戲，能看見孩子眼中的父母；原來那些我們以為是暴力、恐怖的玩具，都有撫慰孩子心靈的效果。原來看似平凡的遊戲，都不只是遊戲。

我也曾經看著心理師與我的孩子互動，觀察孩子進行遊戲、對話，從孩子的行為裡，看見孩子內心深處的困擾。我以前對於遊戲治療其實半信半疑，直到經歷了好多次與所長的談話、看完了這本書，才深深明白原來孩子所挑選、進行的遊戲背後，藏著那麼多訊息。

得知雅淳所長要撰寫遊戲治療的書，讓我既期待又興奮，因為如果有更多父母能從遊戲中讀懂孩子

的心，明白「孩子怎麼了」，不但能減少教養憂慮，孩子的情緒也能好好地被接住，對於孩子、父母來說，都是雙贏。

孩子就像一本用外語寫成的書，而這本書則是告訴父母，如何利用遊戲這個工具來翻譯、讀懂孩子。整本書最貼心的設計在於，每一章節的最後都有一張「小貼士」，簡單易懂地統整了章節的關鍵內容，就像父母的錦囊妙計。

誠摯邀請所有的父母，一起從這本書認識遊戲治療，一起來陪孩子遊戲吧！

教育電台主持人　凌筠婷

當孩子的情緒治療師，
爸媽也可以做得到

當成人感覺自己出現緊張焦慮等令人不舒服的負面情緒（專業上我們稱之為有病識感）時，解決方式之一就是尋找專業的心理師協助。心理師和成人會以語言為溝通媒介來互動，並從中逐漸沉澱出解決的方法。兒童在成長過程中也會出現一些令周遭大人擔心的狀況，但是他們缺乏病識感，因此不會像成人一樣主動尋求協助，而是被動地由家長帶去尋求專業心理師的協助。

然而，對兒童來說，用語言表達會出現「不能」和「不敢」兩個問題。「不能」指的是還沒有駕馭語言的能力，因為他們的語言還在發展當中，從語音（發音）、語意（辭意的理解）、語法（語言運作的原則）一直到語用（如何讓語言的使用可以合乎外在環境脈絡的氛圍而不顯得突兀或白目！）都還在學習中。「不敢」指的是即使兒童已經具有完

備的語言能力，但是卻不敢用語言表達出來，理由是造成兒童在生活中不快樂的源頭，很多時候都跟家長和老師等社會化執行者有關。

因為這樣的背景，早在一百多年前就出現透過兒童最熟悉的遊戲作為溝通媒介的「遊戲治療」，來幫助心理師了解兒童，進而處理兒童的種種心理問題。

遊戲治療是非常專業的領域，心理師需要長時間的學習才能展現出其治療效果。張雅淳博士根據她每年至少有 800 至 1,000 人次的兒童遊戲治療實務經驗，以及在每年近 100 場次親職教育講座中的觀察與心得，濃縮成這本著作《用遊戲陪伴孩子走過情緒風暴》，尤其書中的案例（書中稱為「諮商小劇場」）更讓家長可以按圖索驥，減少養兒育女的辛苦。

家長閱讀到本書附錄的部分，相信也會在感受遊戲治療的威力不凡後，也可能出現自我懷疑，擔心自己完全沒有這方面的訓練！其實無須擔心，因為遊戲治療的基礎就是利用遊戲做為跟兒童互動的媒

介，只要家長找回自己的童心，跟著作者的建議選擇恰當的遊戲類別和內容，多花一些時間和孩子一起玩，相信也可以很快看到孩子的改變！

本人有幸跟雅淳博士有師生之緣，非常樂意依她所囑地寫這篇推薦文！

僅以鐵血宰相俾斯麥的話語勉勵認識 20 年的雅淳博士

"You can do anything with children, If you only play with them."

國立台北教育大學心理與諮商系
退休教授資深遊戲治療師與督導

孩子在遊戲中成長，
爸媽最重要的工作就是陪伴

在還沒生孩子前，我不知道怎麼當媽媽，在孩子出生後，才發現要學的育兒知識超乎想像，真是一門專業領域。剛移居陌生的台北，少了長輩的支持，只能一打一，一切靠自己。但育兒的過程，狀況連連，又求助無門，我最常去去公園請教陌生阿嬤，問問如何讓孩子停止夜哭。

原來孩子從出生到會開口說話，要等一年的時間。當孩子無法順利表達出意思時，我都是看孩子的表情過日子，猜測他是開心、難過、恐懼。他兩歲多看到電視兒童頻道播出卡通時，竟然露出害怕的表情和聲音，我無法理解原因，只能趕緊去抱抱他，並轉換電視頻道。後來才知道，原來是螢幕上出現類似幽靈的人物飄在空中，對他而言是不能接受的畫面，透過他的表情和聲音，我才能瞭解他的情緒，即時安撫，並安慰孩子的心靈。

沒有人教我怎麼陪伴孩子一路長大，一路以來，我都是怎麼開心就怎麼教。我記得孩子還小時，常跟我們參加婚宴。如何讓一個一歲多的孩子能夠乖乖坐著，實在有點難度，所以我就地取材，拿了兩個杯子，倒了一點果汁，讓他左右手開弓，兩邊果汁倒來倒去，不能滴出來，就成功了。孩子玩的很高興，也藉此訓練專注力，吵雜熱鬧的喜宴，完全沒有影響他玩耍的世界。後來換成遊戲方式換成蛋黃，換成剝蝦，換成畫畫，只要一張紙，一支筆就完全搞定。很多人說沒看過一歲多的小孩可以坐那麼久不哭鬧，也有人說第一次看到二歲多的孩子，可以剝蝦子一整盤，我就是把遊戲融入生活當中，也不需要特地花很多錢買昂貴的玩具。

　　在孩子讀幼稚園的階段，我則是常帶他上山種菜，讓他接觸大自然，也讓他養小老鼠，有寵物陪著他長大，一路上養過甲蟲、烏龜、狗，只要孩子開心就好，我也會教他洗碗（當作玩水）、煮飯（荷包蛋、炒菜）、洗衣服（當作投籃球），反正就是把家事變成遊戲，而且樂在其中。

我們夫妻不會逼小孩念書，但鼓勵他多動腦，持續養成做自己想做的事，國小三年級時，學校舉辦園遊會，攤位是「飛鏢射水球」。孩子買木板、顧攤位、收園遊券或收現金，整個過程讓他第一次體會到當老闆賺錢的感覺，生意非常好，也讓他很興奮，不過小遺憾是因為認真做生意，結果沒時間逛其他攤位了。

　　國小五年級時，兒子利用班上課堂空檔時間，主辦象棋比賽，規劃正式球類賽制。事前我們還在家中模擬，結果全班同學都玩嗨了，深受大家喜愛，連續辦了好幾場次。在這個過程中，兒子學習到了如何主辦一場活動，這種凡事掌握在自己手上的感覺，是超讚的。

　　國中一年級因為教室在五樓，合作社在 B1，很多同學為了要購買便當、飲料和文具用品等，在下課十分鐘內，必須專程跑一趟，實在很麻煩，結果兒子從中看到商機，和一位同學合作成立公司（當年還沒有外送平台），他負責收訂單和費用，另一位同學負責跑腿，結果生意超好，訂單來源除了同

班同學，連別班的同學，都聞風而至。可惜後來因為事業做太大，老師出面勒令停業，說同學間不要有金錢行為，但從中他又學到商機、經營、市場的供需等，也是令他得意滿滿的成績。

高中學測結束後，兒子有感於台灣理財知識的缺乏，在因緣際會下出了一本《如果終極目標是財務自由，不如一開始就投資賺錢》的理財書，書名就是他自己體悟出的人生道理。書籍出版後，十八歲的兒子全台演講，上遍電台通告、電視通告，談吐落落大方，內容有深度，也讓我們從 360 度的視角，來重新認識自己的孩子，感覺真有趣。書籍出版至今已有四刷，超乎想像中的好，而我也有一種卸下重擔的感覺，兒子成年後，自己人生的道路要自己去開創。

寫了這麼多，我想表達的是，我一直覺得小孩的工作就是玩，從遊戲中探索自我，然後順應天性，孩子的反饋是很快速的，而在遊戲過程中就如芙樂奇心理諮商所所長張雅淳說的，可以訓練孩子的IQ、MQ、EQ、AQ，在陪伴孩子生命過程中，所

表現出來的笑容、自信和愛，現在回頭看，句句驗
證了我的教育方式是對的，所以遊戲不只是遊戲，
是家長和孩子最深處的心理連結，這才是一輩子的
事，與您一起分享。

金曲獎・金鐘獎得主

期待爸爸媽媽用遊戲陪伴孩子
走過情緒的風暴

「心理師,為什麼我的孩子在學校都不跟朋友玩?」

「心理師,每次叫他寫功課他就會生氣,是不是故意跟我作對?」

「心理師,我的孩子到底怎麼了?為什麼我每次都告訴他不要傷害自己,但是他還是會傷害自己?」

「心理師,我都已經照學校老師說的方法去告訴孩子,該說的都說了、該罵的也罵了、不該打的也打了。可是,他還是一樣啊?」

「心理師,自從我跟太太離婚之後,我的孩子都不太說話、變得悶悶不樂,他到底怎麼了⋯⋯?我是不是做錯了?」

來到諮商室的家長往往充滿了無助的眼神,帶著許許多多的疑問,然而在諮商評估與分析過後,我

帶領家長看見孩子的內心世界、理解孩子的困境，並在遊戲治療中協助家長與孩子走過黑暗的幽谷，終於再次見到一個個展開笑顏的家庭成員。

這些一段段的旅程，讓我被遊戲治療帶來的希望與改變深深感動，我也不停地思考，「如何讓心理學與遊戲治療讓更多家庭，更多孩子感受到家庭的陪伴與幸福。」

華人父母於孩子的成長過程著重於認知學習，因此在孩子成長的過程，為他們選擇購買的玩具或遊戲多以「數理邏輯」、「語文學習」、「記憶訓練」為主，然而大多數爸爸媽媽對孩子的挫折與情緒卻不知如何回應而煩惱。

事實上，孩子的成長過程不是只有智力商數（IQ）重要，孩子亦需情緒管理（EQ）、挫折復原力（AQ）及品格商數（MQ）的練習與訓練。

很多爸爸媽媽感受到孩子的焦慮、生氣、無助與痛苦時，往往只會急著糾正孩子的錯誤行為來減低內心的擔憂。

相反的，這時候如果能為孩子選擇適當的遊戲媒材並搭配適時的引導互動，爸爸媽媽就可以在生活中，透過陪伴來為孩子排解情緒壓力，協助孩子在挫折逆境中，找回內在的心理能量，並且培養孩子的優秀品格。

本書透過「遊戲治療小劇場」以故事情境協助爸爸媽媽理解孩子情緒的困境、說明情緒困擾背後的成因，以及如何使用遊戲媒材來協助孩子的情緒調適、挫折容忍力、道德品格發展。

書中所舉的個案故事為貼近爸爸媽媽於家庭中的實例，正如同家長會問「那我在家中可以怎麼培養孩子的情緒管理與面對挫折的能力？」我會邀請家長準備不同的遊戲媒材來成為與孩子情緒調適的橋梁，更期待可以透過本書的引導，讓更多父母在日常生活中就能促進孩子的 4Q 發展，讓本書成為爸爸媽媽陪伴孩子心理成長與使用遊戲媒材的重要指南。

本書亦是諮商輔導、家庭教育與助人工作者的小小工具書，遊戲媒材可以突破孩子在輔導歷程的口語限制，且讓孩子較自在地舒緩情緒、引導思考與表達想法。

而不同遊戲媒材亦有獨特的療效，助人工作者挑選適當的媒材能協助孩子不同情境的處遇，更貼近孩子的輔導需求與目標，進而協助孩子走過困境，例如孩子焦慮時，可以搭配黏土的表達性媒材以舒緩情緒；孩子容易害怕而逃避，可以使用蜘蛛或鱷魚的恐懼類玩具來陪伴孩子面對害怕情境。

　　遊戲媒材能延伸輔導療效至孩子的生活情境，專業人員可以鼓勵家長選擇適當的媒材以陪伴孩子在家庭中的使用，達到輔導歷程與生活情境的連結而延續輔導的改變。期待本書能夠帶給助人工作者不同的思考脈絡，並成為助人工作者進行家長諮詢的使用手冊。

　　感謝在心理師學習歷程中，帶給雅淳指導的教授們，感謝心理師執業過程中，遇見的每位孩子、家長，感謝熱愛生命旅程的家人、先生與孩子，感謝在心理學與家庭教育領域努力付出的自己，因為有大家一路的支持與鼓勵，讓遊戲治療工具箱得以分享給各位爸爸媽媽、助人工作者以及家庭教育專業人員，願本書可以帶每個家庭感受幸福與美好。

張雅淳

孩子為什麼
需要遊戲？

玩遊戲是孩子的天性，但孩子遊戲真的只有「好玩」嗎？

在「遊戲」的過程，孩子不只「重現」了他的生活，

也在遊戲中「解決」現實的「困境」。

陪孩子遊戲，比爸媽認為的還要重要喔！

🏐 玩遊戲培養孩子 4Q 能力

「鳥飛、魚游、兒童遊戲」，個人中心學派遊戲治療大師蓋瑞・蘭爵斯（Garry Landreth）的這句話已經簡單明白點出，對兒童來說，遊戲是再自然不過的事情。遊戲對兒童的重要性，正如同鳥兒自在飛翔、魚兒從容游水一樣，兒童是透過遊戲來展現最自在且真實的自我。

對父母來說，小朋友平時在家的遊戲多半僅是玩玩具，玩具似乎就只有讓孩子感到愉快、打發時間的功用；然而，從心理學及遊戲治療的觀點來看，玩具其實不僅只是玩具，讓孩子自由的遊戲、玩玩具，有更多兒童發展重要的意涵，對於訓練孩子的智力商數（IQ, Intelligence Quotient）、品格商數（MQ, Moral Intelligence Quotient）、情緒管理（EQ, Emotional Intelligence Quotient）與挫折復原力（AQ, Adaptability Quotient）的發展有相當大的幫助喔！

IQ 智商：透過扮演提升認知記憶與社會互動技巧

認知心理學學者維高斯基（Vygotsky）認為：「遊

戲是幼兒發展過程中很重要的刺激，是促進社會發展跟認知發展的重要元素，還能催化孩子的思考與自我調適能力。」

因此，孩子在扮家家酒時，可能會一邊玩玩具，然後一邊說出玩的過程，例如「爸爸已經回家了」，這樣的對話代表孩子正在將大腦記憶儲存區內爸爸回家的情境重現，同時也扮演出爸爸回家時的親子間的互動狀態。

孩子的對話過程，也會引導自己去思考；比如孩子會在扮家家酒時，說出：「我先把菜切一切，把菜菜放到鍋子；加入鹽巴，菜菜會很好吃！……你要不要吃！」類似這樣，孩子會一邊遊戲，一邊把自己平常在家中看到爸爸或媽媽煮飯的過程說出來。

因為孩子將過去看到煮飯畫面置放在大腦的記憶區，然後提取出記憶並重演生活中所見的情節，同時也讓自己學習爸爸媽媽跟自己的互動方式，讓自己變成「照顧者」扮演爸爸媽媽來分享食物，這個過程，便是孩子正在訓練自己的認知記憶能力。看起來像是簡單的遊戲，但對孩子來說，已經大幅增進自己的認知記憶與社會互動技巧了。

ＭＱ品格：用遊戲情境學習表現自己想法並認同生活規則

遊戲時，孩子享受著最大的自由，運用真實生活中看見及學習到的大人世界規則，去創造屬於自己世界的遊戲規則，最後再將這規則運用到日常生活常規中。

扮家家酒的過程中，孩子常常會使用一個遊戲物件來代替一個現實生活的物件（用沙子代替白飯），並且想像扮演的情境（學媽媽在家裡做晚餐）和想像規則（要求盤子裡的食物都要吃光）。

因此，孩子扮家家酒時，會拿很多沙子裝在紙杯內，然後拿起樹枝攪拌，這時，孩子可能會說「我現在在煮飯喔」，這樣沙子就代表一整碗的白飯、紙杯代表鍋子、樹枝代表飯匙。在這些看似簡單的扮演中，孩子已經在建構的遊戲中表達了自己最真實的想法，也更貼近自己真實的樣貌。

此外，遊戲的同時，孩子也學習到了生活中應有的規則，並且引導自己遵循生活的規則性。

EQ 情緒管理：透過遊戲學習情緒表達與情緒調控能力

不只如此，孩子會在遊戲中將真實生活經驗和心理歷程表現出來，同時也會把自己感到無助或害怕的情境呈現在遊戲中。

例如，有的孩子去到醫院一看到醫生就會一直哭，爸爸媽媽得花很多時間去安撫孩子的情緒。但是，有的孩子特別喜歡玩醫生扮演遊戲，他們會掛起聽診器扮演醫生，幫娃娃看診或開藥，這時候孩子會一邊說「等一下要打針喔！打針會痛痛喔，但是等一下下就不會痛了！」、「等一下看完醫生就可以買果汁喔！我們等一下一起去喝果汁！」孩子在對話中呈現了自己就診的心路歷程，說出對打針的害怕與不舒服的感覺，但是，孩子卻也在最後呈現了可以安撫自我情緒的方式。

當下次再看醫生的時候，孩子就學會表達自己的害怕，雖然孩子可能依然會有所抗拒（畢竟，打針真的會很不舒服），但是也會跟大人說「等一下帶我去買果汁喔！」這樣的遊戲過程中，孩子已經提升了自己的情緒表達與情緒調控能力，讓自己可以獲得情緒的舒展。

AQ 挫折復原力：運用遊戲情境釋放情緒並找到解決困境的方式

遊戲的過程帶給孩子「想像的行動」、「想像的情境」、「自主的想法」和「真實生活計畫」，遊戲的過程產生了遊戲的規則，這過程告訴孩子必須開始放棄原本的抗拒行為並遵守遊戲的規則，因此提升孩子的生活調適與解決問題的能力。

兒童會在遊戲「玩」出生活中遇到的困境，並且在遊戲之中找出解決的辦法，並且獲得成長。例如，孩子在現實活中可能不喜歡吃青菜，而且只要一吃到青菜就生氣或哭泣，可是當他在扮家家酒時，可能會扮演大人，並煮出很多食物，其中包括了青菜、水果、魚肉等不同營養成分的餐點，並對玩偶說：「要乖乖吃菜菜喔！這樣才會有營養，才會快點長大！」、「不要怕怕喔！這些菜菜是讓你長大變聰明的！」

當孩子在遊戲過程中，把生活中聽到大人說過的話語用在遊戲過程中，其實也代表孩子已經將大人的生活規則內化了，所以孩子會說出以上對話，同時學習表達自己的情緒。

隨著遊戲的過程，孩子在現實生活中吃飯的時候，對於青菜的抗拒也會跟著降低，並且減少哭泣次數，因為孩子已經在遊戲中釋放情緒並讓自己學習克服困境。

心理師悄悄話

遊戲（play）是一種自發性、發自內心單純想尋求樂趣的活動，而無須有任何特定目的，讓孩子能夠自在地展現內在心理歷程。

然而，目前孩子們在手機或平板上的線上遊戲，尤其是線上的對戰遊戲、角色扮演遊戲等，因為具有一套固定且不能變動的遊戲規則，這樣的規則性屬於另一種遊戲（game）的形式，規定遊戲者的角色、遊戲的進行方式和遊戲者的行為，忽略遊戲 (play) 帶給孩子的「自發性遊戲」的意涵。

本書所建議的遊戲屬於 play 的意義，讓孩子能夠自發性地遊戲，並引導孩子展現內在情緒以獲得情感的修復與療癒。

選對玩具，讓遊戲不再只是遊戲

在孩子的日常生活裡，若爸媽可以提供不同的玩具，提供多元的遊戲媒材與物件，孩子遊戲的過程，就能透過不同物件（玩具）的「功能」，讓遊戲不只是遊戲。同時，孩子也能在遊戲過程中，呈現內在的想像與生活的難題或困境的，在遊戲中達到 IQ、MQ、EQ 與 AQ 四種能力的調適與平衡，更重要的是能夠在遊戲互動中解決問題或是獲得改變，這是孩子遊戲最大的意義與價值。

考量陪伴孩子建立心理能量的玩具時，家長可以選擇不同類別的玩具來引導孩子，達到遊戲治療的效果。

本書對於遊戲媒材選擇的建議，採用的是阿德勒（Adler）學派遊戲治療師泰瑞．考特曼（Terry Kottman）的理論，將遊戲媒材分成表達性、撫育性、扮演性、恐怖性及宣洩性等五種不同型態。以下分別介紹五大類玩具的功能、特色、成效。

表達類玩具

功　　能：作為孩子表達情感的媒介

特　　色：可以自由變化不同造型、調色

代表玩具：黏土、水彩

療癒成效：表達感受、發揮創造力、發展正向的
　　　　　自我概念

　　這類表達性媒材的玩具可以說是協助孩子表達情感最好的媒材，當孩子的現實生活受到社會規範的限制或壓抑時，孩子可以在創作媒材的過程中，透過將媒材搗碎、壓扁、調色、揉捏等自由創造與搞亂的過程中，自在表達個人的感受；並再重新創造的過程中，也變化出多種不同造型與不同可能性。

　　這種不被成人干預，自由選擇與創作，再重新導出各種成果的遊戲中，孩子可以慢慢感受及發揮創造力，獲得完成作品的成就感，一個個完成的作品將是孩子自我能力的展現，同時也讓孩子尋找到自我的長處，進而培養發展正向的自我概念。

撫育類玩具

功　　能：被照顧者的情緒流動
特　　色：展現家庭關係、連結情緒
代表玩具：娃娃屋、餐廚道具
療癒成效：獲得安全感及情感慰藉

　　孩子在生活中是被照顧者的角色，透過撫育類玩具，可以讓兒童在遊戲的過程中展現家庭關係、將自我被照顧的情緒需求獲得連結，不僅僅可以看見真實的家庭互動、孩子滿足照顧他人的需求，同時也療癒自我的情緒。

　　例如：娃娃屋、嬰兒娃娃、動物家族、鍋子、餐盤等廚具，兒童在生活起居上的照顧、陪伴與正向連結，讓孩子可以獲得安全感與情緒慰藉。

扮演 / 想像類玩具

功　　能：重現生活的經驗、取得生活掌控權

特　　色：發展自我能力、促進內在與外在的平衡

代表玩具：醫生遊戲組、收銀機與錢

療癒成效：學習新的技能、面對現實生活的挑戰

　　孩子與成人都很需要在真實生活經驗中感受內在情緒。由於孩子在現實生活中大多由成人安排每日的生活起居與學習狀態，孩子能掌控的生活十分有限，選擇扮演類別的玩具可以讓孩子發展自我能力、促進內在與外在生活的平衡。

　　例如：醫藥箱、魔法棒、面具、玩具收銀機與玩具錢等，當孩子能夠在遊戲中表現出自己的生活狀態或是生活中的困境，一部分可以讓孩子透過遊戲的經驗獲得能力展現，重新分配與處理自己曾經遇到的困境或是發展出自我的決定權，另一部分也可以讓孩子在過程中尋找到援助，並且學習新的技能以面對挑戰。

恐怖類玩具

功　　能：化解痛苦感受

特　　色：經歷並消化害怕情緒

代表玩具：可怕動物玩偶

療癒成效：學習面對焦慮與害怕情緒、修復創傷
　　　　　經驗

　　當孩子在經歷害怕的情境事件時，也會像大人一樣感到無助與害怕；大人可以透過語言或聊天來談論自己的經驗，孩子則需要透過遊戲呈現。

　　孩子面對焦慮或沒辦法掌控的事件，例如：蜘蛛、鱷魚、恐龍、毒蛇等會讓孩子感到害怕的動物。爸爸媽媽也可以挑選孩子過去曾經遇過的創傷事件或物件，例如：車禍的車子、曾經被狗狗咬的小狗、曾經被驚嚇到的鬼臉或小丑臉等。孩子可以透過與恐怖性玩具（鱷魚玩偶、大蜘蛛玩具等）的驅逐、對打方式來面對害怕的情境，並經由對抗動物的過程重新獲得掌控感，藉此修復個人的創傷經驗，化解在困境中的內在痛苦情緒。

宣洩 / 攻擊類玩具

功　　能：發洩壓抑性情感

特　　色：表達及宣洩情緒

代表玩具：黏黏球盤玩具

療癒成效：情緒發洩、獲得解決問題、自我保護
　　　　　的能力

　　台灣遊戲治療大師梁培勇教授（2006）提及攻擊
類玩具在精神分析學派扮演重要的角色，兒童會透
過直接或間接的方式表達攻擊性，亦即透過攻擊或
破壞玩具展現攻擊性，在攻擊的過程中可以將在現
實生活中對某些人不滿的幻想象徵性地表達出來。

　　孩子在生活中會累積許多情緒，卻因為語言發展
能力差異，無法完全用語言來描述或表達出自己的
情緒狀態，而發洩性及攻擊性的玩具則可以讓孩子
在玩遊戲的過程去發洩攻擊性的情感，例如：射擊
遊戲、丟球盤遊戲、拳擊遊戲、刺穿氣球遊戲等。

但因為射擊遊戲的手槍或刀劍玩具容易讓尚無法拿捏力道的孩童而受傷，並未在此書首選的推薦範圍，本書選擇黏黏球盤的遊戲，主要是這類遊戲比較能被父母接受，而球盤遊戲除了能夠讓孩子的情緒有所宣洩外，同時也在一個安全許可的範圍內。

當孩子的情緒透過這類活動有所流動後，就能讓孩子不滿的情緒有所宣洩，進而能面對問題並解決問題，被攻擊或傷害的情緒也能尋到保護自我的力量。

為了讓讀者理解生活中常見的五大類玩具在孩子遊戲中的「療效」，接下來的章節，將分別以「劇場」及「解說」的方式來說明這五大類遊戲，如何解孩子心情的疑難雜症。相信當家長的您能「懂」孩子的「遊戲」，就能在家運用這五大類的玩具，提升孩子的 4Q（IQ、MQ、EQ、AQ）。

五大類玩具分類表

　　以下是生活中容易取得的玩具，家長可以視孩子的需要，選擇適合的玩具來與孩子互動，進行家庭內的遊戲治療。

① 表達類	彩色黏土	水彩	色紙
	繪畫用具	剪刀	膠水
	報紙	羽毛	指畫
② 撫育類	烹飪廚具 （鍋碗瓢盆）	烹飪食物盒 （青菜、水果、肉）	娃娃屋
	動物家庭	娃娃衣服	奶瓶
	填充玩具、	娃娃手偶	可折式娃娃 家庭人偶
③ 扮演類 / 想像類	醫生聽筒	收銀機	魔術棒
	電話	服裝、帽子	珠寶、首飾
	建築工具	廚房用具	人物角色
④ 恐怖類	塑膠製的怪獸	鱷魚	恐龍
	蛇	老鼠	可張嘴的動物 手偶（狼、熊）
	昆蟲	可引起創傷經驗的玩具（例如汽車、 卡車），視兒童經驗而定	
⑤ 宣洩 / 攻擊類	黏黏球組	標靶	武器 （刀、槍、劍）
	玩具士兵	軍用交通工具	砲彈
	盾	手銬	拳擊袋

Chapter

給孩子說出口
的勇氣
表達類玩具

黏土、水彩、色紙等可以「創造」的玩具，

能提供孩子最大的「自由空間」，

而孩子創造出來的「成品」，

往往也是孩子最想跟大人說的「心裡話」。

爸爸媽媽，您聽到了嗎？

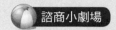
因為害怕被罵，
孩子不敢說

　　10歲小瑞是不擅與人交際的孩子，面對他人時，總是默默張眼望著、不會主動說話⋯⋯所以在班級中的小瑞總是落單，也常常一個人。

　　在遊戲治療的過程中，小瑞很少與我對話，當我邀請小瑞拿黏土遊戲時，小瑞很快就捏出一隻小狗，而且很快又幫小狗加上不同的配件。小瑞輕巧地為小狗加上配件後，小瑞說：「小狗是我最喜歡的動物，因為他會聽主人的話，不會隨便欺負別人。」這是小瑞第一次開口，卻說出了長長的句子。

小瑞接著說：「我最不喜歡以前的老師，他之前教我擦窗戶，我就用他教我的方法去擦窗戶，但是他看到又說我不對，我明明都照他教的方法，但他還是說我不對！」那一刻，小瑞的聲音與話語表現了他的生氣，讓他說出了心中的憤怒！之後，小瑞每次進遊戲室，會開始跟我有更多的對話。

諮商結束後，我問小瑞媽，小瑞是不是曾經被身邊的人欺侮？媽媽聽了，紅著眼眶說：「他一直是班上比較瘦小的孩子，所以老師總是說他不好，他每次回家都會很難過，雖然我們嘗試跟老師溝通，但不是很順利……。沒想到過這麼久了，他竟然一直都記得！」

黏土淨化療效：深入孩子潛意識，
　　　　　　　淨化被壓抑的情緒

美國的研究曾發現，約三分之二的兒童及青少年在 16 歲前都曾經遭受過至少一次的創傷事件，像是車禍、意外、言語暴力、同儕霸凌等。

然而，對於孩子來說，創傷若無法透過口語表達且精確說出自己曾經有過的傷害，這些塵封已久的

情緒會進入個人的內在潛意識。而遊戲治療是意識與潛意識的連結道路，玩具——黏土則是遊戲治療使用的媒材之一。

孩子可以透過捏塑黏土的過程直接表達內在的感覺，於是藉由黏土淨化情緒，讓孩子可以在不需要直接口語表達的情況下，經由「黏土」進入潛意識，並說出無法用口語直接「表達」的衝突和感受。

由於孩子的語言能力尚未發展成熟，無法像成人一樣，自在地使用豐富的字詞來溝通。遊戲媒材提供孩子連結自我內在感受的機會，透過遊戲媒材的創作與捏造，讓內在的情感逐漸獲得流通，同時也能夠嘗試把內在的想法呈現出來，進而表達經驗過的事件。

黏土是個能「隨心所欲」的玩具，因為黏土有很多的可塑性與延展性，所以孩子可以自由自在地捏塑各式各樣的形體，在揉捏黏土的過程中，孩子可以獲得重視和整理內在感受的機會，將內在潛意識的感覺拉回意識層面，於是孩子可以慢慢表達內在的感覺與想法。

就像遊戲治療過程中的小瑞，雖然很少說出自己

的內心感受，但是在捏黏土時，卻如此一氣呵成，彷彿把所有的話都透過黏土流瀉引導了出來，因為對於曾經受傷的孩子，黏土可以傳達出內心的感覺，也不用害怕因為表達出情感而破壞了關係。

我告訴小瑞媽：遊戲治療是陪伴孩子貼近內心的真實感受，讓孩子在感受到安全後，引領他自己說出內在的想法。

因為過去經驗的害怕與生氣情緒一直都在，導致小瑞害怕與他人靠近。隨著遊戲治療，孩子終於讓這些被壓抑在潛意識的感受安全的「釋放」，當孩子感到安心後，就能跨越內心的擔憂與挫折。

🦆 生活小貼士

睡前玩黏土遊戲，釋放一天的壓力

在孩子成長的過程中，因為受限詞語的能力，無法自在表達內在感受，但可以透過黏土來抒發內在的壓力，甚至可以引導孩子進行對話。

如果可以，家長可以準備黏土，在每天睡前陪孩子玩玩黏土，幫助他們放鬆心情，並在陪伴遊戲的過程中，邀請孩子分享學校生活，透過黏土遊戲來淨化、安撫孩子的情緒。

在手足之間被比較，
壓力無敵大

　　7歲的小亮第一次進入遊戲室，完全無法接受跟媽媽分開的狀態，所以一直猶豫、無法踏入遊戲室，在媽媽陪伴了近10分鐘後，小亮才願意接受媽媽在門外，短暫分開3分鐘。

　　小亮不會特別主動對話，總是挑選摺色紙、捏黏土、畫水彩等創作性遊戲。其中，他最喜歡水彩創作遊戲，可以30分鐘都不說話，但是可以一邊畫水彩、一邊教我畫出可愛的貓咪。

　　過程中，小亮會一邊進行自己的著色動作，然後一邊觀察我是否能跟上他的進度，並等待我完

成每個混色或是物件結合的步驟。當我遇到困難時，小亮會停下自己的動作並再次協助混色或調整色彩的比例，並等待我完成。雖然過程之中，我們並沒有任何的對話，卻總是能夠在彼此步調中完成我們的作品。

當我開始愈來愈順利完成作品，我開心笑且大聲說出：「謝謝你！我終於完成了耶！」小亮才會眨著他溜溜轉的大眼睛，並露出他的笑容，然後跟我說：「這是我家養的貓咪喔。」

遊戲治療結束的時候，我詢問媽媽，「小亮平時會與家人對話嗎？」媽媽說：「小亮從小時候就是這樣，尤其是需要他做決定的時候都會回答『不知道』，家人最常的回應是，怎麼沒辦法像哥哥一樣好好說話呢？」

水彩的自信療效：調色、創作作品，讓孩子看見自己的能力

英國在 2021 年有一項針對 2,000 名成年人的研究調查顯示，將近 51％ 的受訪者認為他們長期與手足之間存在競爭關係，其競爭從居所等級到安排家庭聚會等。

家長會不自覺的比較孩子們的行為表現，有的父母是期待透過「激將法」激發孩子的能力，有的父母是期待在比較中讓孩子「見賢思齊」。但是，古人常云：「人比人，氣死人」，當手足之間產生比較行為時，就會產生另一個弱勢者，長期下來會讓手足之間充滿著競爭，間接造成彼此關係不和睦，甚至讓處於弱勢的一方愈來愈沒有自信心。

　　美國猶他州立大學（Utah State University）家庭和人類發展研究所的研究顯示，手足比較是家庭中常出現的狀態，但是部分手足會試圖讓自己有與眾不同的能力，以減少競爭。

　　事實上，每個孩子都有專屬於己的優勢能力，有的孩子會念書、有的孩子較勇敢、有的孩子有領導能力、有的孩子有好人緣、有的孩子自律性高、有的孩子美感佳，當我們靜下心來欣賞孩子的能力，就會發現孩子們都各有所長。

　　身為父母的我們，何不鼓勵孩子發展和手足不同的專長，例如發現哥哥姊姊在拉大提琴，弟弟妹妹就可以避免去學大提琴，讓孩子都有各自不同的舞台來展現自我。

在遊戲治療過程中，使用水彩、黏土或是色紙等創作性媒材，讓孩子可以不需要太多的口語表達，因為有些孩子不習慣表達自己的想法，卻能夠透過創作性媒材來呈現自我意志，同時也可以在創作作品中獲得個人的成就感。

對小亮來說，當哥哥的能力總是特別優異或是被看見時，就會覺得自己的能力不足而選擇退縮。雖然小亮在遊戲治療過程沒有產生特別的對話，但小亮會注意他人的反應動作並給予回應，也就是小亮「具有人際互動能力，只是『口語表達』較沒有自信」。而當小亮開始完成作品，並且充滿自信的時候，小亮就逐漸開始與他人之間有更多互動並進行對話。

因為小亮總是在手足比較的世界之中，當小亮總是相對不如哥哥，就會漸漸缺乏自信。當我們希望口語較少的孩子增加與他人之間的互動，更需要培養孩子的自信，讓孩子能夠看見自己的能力並且相信自己也是很棒的！

在遊戲治療結束的時候，我告訴小亮媽：小亮雖然很少與他人對話，但是小亮都會觀察他人的反應，所以不用太擔心小亮的人際互動；只是，小亮比較沒有自信而不敢表達自己想法。

除了持續關注小亮的口語對話之外，小亮更需要擁有建立自信心的平台與機會，我們可以考慮在家中準備一個櫃子來收集小亮的作品，讓小亮能夠看見自己其實有另個不同的能力，同時也有展現自己能力的機會，可以讓小亮在作品中發長自信心。

生活小貼士

準備作品展示空間，讓孩子更有自信！

當家中有手足的時候，家長往往會不自覺的比較孩子的表現；一旦出現比較行為時，就會產生另一個弱勢者，長期處於弱勢情境下的孩子就會比較沒有自信。

孩子平常在學校或才藝班有創作的作品，但是往往缺少一個展示空間，當孩子的作品帶回家之後，爸爸媽媽記得準備一個展示的空間來擺放作品，讓孩子感受到自己的作品被看見或被肯定，藉以提升孩子的自信。

爸媽愛吵架，
孩子變膽小

　　6歲的小沈的爸爸跟媽媽時常爭吵，當父母吵架的時候，小沈總是躲在家中的角落，擔心爸爸媽媽越吵越兇，最後大打出手……

　　小沈第一次踏進遊戲室時，選擇默默站在遊戲室的角落，用大大的眼睛看著遊戲室內所有的玩具，一動也不動。

　　看完玩具之後他轉過頭來看著我，偷偷觀察我的表情；我追蹤了小沈的動作，但他依舊留在原地，直到我再次邀請了小沈，小沈才跨出步伐，開始挑選玩具，然後遊戲……

66

在遊戲治療的過程中，我邀請小沈一起使用水彩，小沈一個人靜靜地畫著水彩，細心地畫了一個娃娃，娃娃有圓圓的臉、長長的頭髮，小沈細心呵護著娃娃，相當珍惜與照顧。

接著，小沈開口說：「這個娃娃是媽媽，媽媽喜歡綁頭髮，而且媽媽最愛我了。」小沈一邊畫水彩畫，一邊表達了對媽媽滿滿的愛。

我與小沈媽談起了遊戲治療中畫出來的作品，小沈媽流下了淚水，淚水中充滿了不捨；媽媽說：「他每次看到我跟爸爸吵架，他就很生氣地看著爸爸，然後靜靜地待在我旁邊；我知道他很想保護我，只是他不敢說話，因為他說話，他爸爸會更生氣。」

水彩的內在療效：畫水彩畫紓解緊張情緒，提升內在勇氣

根據印第安那州聖母大學（University of Notre Dame）曾經做過的一項父母衝突的毒性壓力（toxic stress）研究，研究發現倘若父母在孩子面前吵架，孩子的內在壓力荷爾蒙會因而上升，甚至於高達三分之一的孩子會出現攻擊傾向。

當家庭出現衝突場景時，最直接的影響即是造成孩子長期有恐懼的情緒、不安全感，若長期下來，則會造成孩子自我價值感低落、偏差行為以及情緒困擾；當孩子在遊戲治療的情境中，對於遊戲的選擇或是不敢主動與他人互動時，代表孩子會觀察與擔憂他人的反應，亦即對於關係互動有較多的不確定感，使得孩子在關係互動上較為躊躇不前。

　　家庭是孩子心中最企盼的避風港，孩子們都期待在充滿愛、安全、甜蜜的家庭中成長，然而家庭中的愛不再完整且沒有安全依靠時，同時欠缺適當紓解心理壓力的策略時，就會長期影響孩子的內在，造成傷痛與陰影。

　　有的孩子目睹家庭衝突時，會擔心自己身歷險境，進而在生活中出現較多的退縮行為，對於事件充滿恐懼與害怕；有的孩子則因為目睹家庭衝突，甚至看見成人在情緒爆怒下的暴力行為，導致學習到錯誤的行為反應模式，進而在校園中容易暴怒或攻擊同儕。

　　長久下來，當孩子長大成人後在建立自我的親密關係時，也會因為過往家庭的不安全感，造成無法

信任伴侶關係或是錯誤認同暴力行為，在家庭內代間傳遞，成為下一個施暴者或受虐者。水彩很適合無法直接表達內在情緒的幼兒，水彩的調色過程可以讓情緒流通，同時可以增加孩子內在的心理力量。

小沈對大人的情緒很敏感，會擔心自己的一舉一動是否獲得大人的許可。因為在家中小沈常常看到酒後暴怒的爸爸，所以他必須隨時注意大人的反應，減少讓自己陷入危險的情境。

因此，小沈踏入遊戲室時，表現了不敢隨意地碰觸東西與玩具，注意大人的一舉一動，以保護自己的安全。

然而，遊戲治療的歷程也紓解孩子的情緒，並且在繪畫過程增加了內在的勇氣。小沈沒有力氣反抗爸爸，所以小沈在家中最喜歡與媽媽在一起，因為能陪伴媽媽，也保護了媽媽，唯有陪媽媽聊天的時候，媽媽才會有難得的笑容。

所以小沈畫出了小娃娃，細心保護且呵護著小娃娃，就像小沈可以保護媽媽一樣的心情。

遊戲治療結束的時候，我告訴小沈媽：雖然小沈總是不說，但是內心卻有滿滿的不捨與勇敢。遊戲治療的過程可以幫助孩子釋放內心的情緒，讓孩子自在地表現內在的渴望，幫孩子增加內在的勇氣與力量。

🦆 生活小貼士

發現孩子行為退縮時，
讓水彩給孩子內在力量吧！

當爸爸媽媽在孩子面前有所衝突，且發現孩子的行為較為退縮時，可以在家中準備水彩，讓孩子透過畫畫減少焦慮的情緒。

同時，孩子可以藉由反覆的調色過程提升對事件的掌控程度，進而增加自己內在的能量，有助於孩子陪伴自己與家人面對生活的困境。

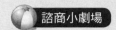

因為家人管太嚴，
孩子不想說

　　10歲的小光是個沈默的孩子，深鎖的眉頭總散發出淡淡的憂鬱；洗完澡後，小光就不再碰任何東西，只要碰到物品後，就會一直噴酒精消毒，或是再去洗手……

　　在遊戲治療的過程中，我邀請小光一起玩黏土，一開始小光捏出了四四方方的正方體，每個角都呈現90度，好像多或少了一個角度就是個錯誤……，因此會反反覆覆的調整，但在調整黏土角度的過程中，小光開口說話了……

　　之後，小光繼續選擇了兩個不同色系的黏土，將黏土重複的堆疊與揉合，深紫色混了粉紅色，

出現了紫紅色；黑色混合了紫色，出現了亮黑色……，在不停的反覆的捏朔與揉合中，小光的眼角微微揚起，臉部出現了淡淡的笑容。

我跟媽媽談起了遊戲治療過程中孩子的行為與表現，小光媽說：「小光是家中唯一的孩子，小阿姨是醫療人員且未婚，主要由她帶著小光，因為小阿姨將所有的期待都放在小光的身上，加上疫情的關係，對小光要求又更嚴屬，導致小光洗澡後都不敢碰任何東西。」

黏土的掌控療效：透過完全的掌控，釋放焦慮的感受

聯合國兒童基金會（2022）調查 8,444 名兒童及青少年面對 COVID-19 疫情的感受，有 27％的人在過去 7 天內感到焦慮，15％的人感到憂鬱，超過 60％則感受到壓力。其中，46％對於「喜歡的活動」感到沒有動力，36％對「生活定期事務」感到沒有興趣。

因為 2020 年突如其來的疫情，改變了我們的生活，尤其對孩子來說，他們的世界更是有了更巨大的變化。

2021 年刊登在《JAMA Pediatrics》的一研究計畫，共有 80,000 多名參與者，孩子的年齡從 4 到 17 歲，平均年齡為 13 歲，從他們憂鬱、焦慮的臨床經驗數據中，可以發現疫情大流行所造成不確定性和日常生活模式中斷，可能會普遍增加焦慮症狀。

疫情來得很突然，全世界人都需要接受生活突然有所改變。然而，生活對最沒有決定權的兒童及青少年在面對突然不能到校上學、親友的生病與離開時，更容易產生內在的焦慮與無助。

在給予孩子黏土進行遊戲治療時，孩子可以在捏塑黏土的歷程中，掌控黏土的形狀與造型，當孩子可以自由自在地捏塑或壓扁出各式各樣的形體，同時也可以因為添加不同色彩讓黏土有了顏色變化後，孩子從中獲得更多的掌控感。

黏土遊戲組合非常適合高焦慮的孩子，因為在遊戲過程可以幫助孩子釋放內在的焦慮並重新獲得掌控感。小光剛開始面對可以塑形的黏土，會直接捏出正方體，重現了阿姨一直的要求與規則，這是孩子的焦慮來源，因為這樣的嚴格規範讓孩子時時擔憂做不好或出差錯，於是更謹慎地重複被要求的行為與動作，造成孩子高焦慮的情緒。

隨著一次次的捏揉黏土並變化自己喜歡的造型後，孩子也在黏土的自由彈性中鬆綁了自己的焦慮，所以小光才開始願意對話並出現笑容，透過找回的掌控感，開始放開一成不變的規則，釋放出內在渴求的自由。看到孩子展現的笑容，我知道遊戲治療再度鬆動了孩子心中的束縛。

還記得我與小光爸媽談起了小光的笑容，小光媽媽的眼角有了淡淡的淚水，淚水中充滿了不捨。

我告訴小光媽媽：遊戲治療的過程可以幫助孩子釋放內心壓抑很久的壓力，遊戲治療幫小光好好放鬆自己內在的緊繃，同時可以陪孩子找回原始且簡單的快樂。

🦆 生活小貼士

孩子感到焦慮時，就讓孩子玩黏土吧！

孩子的重複行為（例如咬指甲、反覆洗手、抓頭髮等）往往來自於焦慮情緒，而焦慮的源頭則是「不可掌控感」。

當面對有高焦慮情緒的孩子時，家長可以在家中準備黏土，孩子頻繁出現重複行為時，不妨就讓孩子玩玩黏土，讓孩子不用表達內在焦慮，卻又可以透過反覆的捏揉過程找回一些自我的掌控感！

 可以這樣做

遊戲主題：黏土隨你捏

適用時機：當孩子眉頭時常深鎖，詢問孩子最近怎麼了，孩子卻又總是支支吾吾，不知道如何表達時。

遊戲目的 ---

1. 協助孩子表達個人情緒

2. 幫助孩子紓解焦慮情緒

3. 增加孩子對自我的掌控感

時間：睡前放鬆時刻約 10-20 分鐘

地點：遊戲區的桌子、客廳桌子

事前準備：約 5 種不同顏色的黏土

步　驟 ---

1. 讓孩子拿著隨意黏土揉貼，不用提供任何主題或要求。

2. 當孩子開始放鬆持續揉捏黏土時，可鼓勵孩子拿不同黏土來混色。

3. 當孩子開始放鬆時，可以與孩子聊遊戲過程的心情與事件（例：媽媽／老師今天跟你一起捏黏土，覺得很開心。你有沒有很開心？）

1. 因為華人文化較少談論情緒，所以孩子通常也不太清楚如何表達自己的感受，建議爸爸媽媽或陪伴者可以從自己當下的情緒分享開始。

2. 6 歲以下或孩子不知道如何表達感覺時，爸爸媽媽或陪伴者可示範說出自己的簡單情緒，如「開心」、「生氣」、「難過」、「害怕」等。

3. 對於 6 歲以上的孩子，爸爸媽媽或是陪伴者可以嘗試使用更複雜的情緒詞彙（例如：矛盾、驕傲、嫉妒等），讓孩子知道說出感覺是「沒問題的」。

還可以深入討論的問題

1. 我很開心，因為黏土的顏色混在一起好好玩喔。你有沒有很開心？

2. 剛剛黏土掉到地上了，媽媽很害怕地板髒掉了。你有沒有害怕的事情呢？

3. 爸爸種的花枯掉了，我覺得很難過。最近有什麼事情讓你難過了？

陪伴孩子一起走過情緒風暴

遊戲結束的時候，爸爸媽媽或是陪伴者可以這樣說：「剛剛遊戲的時候，我有好多不一樣的感覺喔！你也會有很多不一樣的心情，這都是很正常的唷！」

Chapter

助孩子獲得
情感慰藉
撫育類玩具

扮家家酒玩具是孩子最喜歡的遊戲之一,

重現家庭的「生活情境」,

透過「親子角色」的互動遊戲,

除了減緩孩子的現實挫折感,

同時也提供孩子「演練」的機會,和孩子一起扮家家酒,

爸爸媽媽您看到您和孩子生活的縮影了嗎?

諮商小劇場

動不動就咬指甲，
孩子不說的壓力

　　10歲的小雨常常咬手指，作業要不停地反覆檢查，尤其整理玩具時，常常會一直反覆確認，看玩具有沒有亂放……

　　在遊戲室，小雨挑選了扮家家酒的遊戲。他開心地煮飯給我吃，並且邀請我在他的餐廳裡作客。有時候，小雨會準備很多盤的紅蘿蔔，然後告訴我要吃飽飽；有時候，小雨會準備好幾杯飲料，然後說這是餐廳最好喝的可樂；有時候，小雨會準備滿桌的魚、肉、青菜，然後說一定要吃飽飽，這樣才能去上學……

無論小雨準備得多麼豐盛，在收拾東西的時候，小雨總會將食物排列得很整齊，然後一個盤子接一個盤子的收拾、一個蘿蔔接一個蘿蔔的排隊、一個杯子接一個杯子的對齊……，所有的物件都要先排列整齊，然後再把他們全部收拾完畢；如果沒有對齊或排好，小雨就會再重新擺放整齊，直到全部都一一歸位。

　　遊戲治療結束，我告訴媽媽，小雨每次飯後收拾跟排列的方式，媽媽說，「小雨每次玩玩具都會這樣，好像最後都要排得很整齊……。」我好奇地問了媽媽：「家中都是如何收拾廚房的？」媽媽說：「我整理完廚房都會一個一個對齊……剛剛怎麼跟我有點像呢？」

烹飪遊戲的家庭療效：重現家庭生活情境，幫助釐清孩子焦慮源頭

　　心理學家班杜拉（Bandura）在 1961 年設計了「波波玩偶實驗（Bobo Doll Experience）」，以托兒所內平均 4 歲的 72 名孩子作為對象，總共分成 3 組進行實驗對照。

進入遊戲室時，一組無大人陪同；一組大人會進入遊戲室，並正常地玩著玩具；另一組大人不僅進到遊戲室，還會以猛烈攻擊的方式跟波波「玩」，大人會將波波壓倒，用反覆捶打它鼻子等暴力行為及斥責的口語進行攻擊。結果發現凡是看過大人示範打波波的攻擊行為後，該組的孩子們傾向模仿他們所看到的行為。

　　從以上的實驗中，可以看出孩子很容易觀察生活中的成人，在「上行下效」、「耳濡目染」中開始模仿，所以，我們無法忽略生活情境或成人的行為對於孩子的影響。

　　從社會學習理論的觀點來看，人類的行為大多是經由學習而來的，我們會在不知不覺中，學習與模仿他人的行為，隨著年齡增長呈現在行動、思考、感覺、價值觀等不同面向之中。

　　孩子出生後，主要的環境就是家庭，當小女生看見媽媽穿高跟鞋，就會趁媽媽不在家的時候，穿著媽媽的高跟鞋走路；男生也會學習成人抽菸的姿勢或動作，或是模仿爸爸講電話的口音語氣等，此為孩子平時在家中的「觀察學習」。

同樣地，當孩子模仿了家庭成人的行為，也會在過程中傳遞出我們帶給孩子的價值觀與信念，所以孩子也會直接表現在生活互動上，在遊戲治療的過程中，亦可以展現孩子在生活中的觀察學習。

撫育性玩具的物件大多是孩子生活中最常出現的物品，孩子就會在遊戲的歷程中呈現家庭的真實樣貌與情境，同時也會展現家人之間的互動情形。

小雨遊戲的過程，很直接表現出平常看見的媽媽照顧小雨的生活故事，小雨變成了煮飯的媽媽、照顧孩子的媽媽、收拾廚房的媽媽，小雨在遊戲中很自然地展現了家庭的真實狀態。

只是，小雨也因為模仿家庭楷模的過程，傳達出了家庭的規則，母親對於家中事務的規則也無形之中複製到小雨的行為模式。

當我們對孩子的某些行為有所擔憂，其實這也是孩子將我們的生活習慣再次展現出來，這些可能是孩子在重現家中大人對於規則的要求。

在遊戲治療結束的時候,我告訴小雨媽:小雨的重複性行為來自於自我的要求與嚴謹,也就是小雨對於事件規則性的要求。

而這樣的規則性恰巧複製了我們在家庭中的規則性習慣,若媽媽對於小雨的焦慮感受有所擔憂,也許我們大人可以試著放寬自己或給予孩子的標準,讓小雨也能夠放寬對於自我的要求與期待,進而減緩小雨的焦慮感。

🦆 生活小貼士

觀察孩子扮家家酒,修正對孩子的要求

孩子大多會模仿父母親的行為模式,當孩子在生活之中有些行為讓爸爸媽媽有所擔憂的時候,建議爸爸媽媽可以思考與檢視自身的行為或溝通表達模式,孩子只是不自覺複製了我們所呈現的行為。

烹飪遊戲最直接呈現家庭中的親子互動狀態,爸爸媽媽可以觀察孩子的烹飪或吃飯相關遊戲來檢視親子互動,假若有擔憂的行為,成人同樣可以透過自我修正的方式來改變自己,同樣地,孩子也會透過觀察而修正自我的行為喔!

諮商小劇場

爸媽打小孩，
孩子不知所措

　　6歲的小奕一進入遊戲室中，就很生氣地在找娃娃，然後抓住娃娃的身體並開始打屁股……

　　接著有將近10分鐘的時間，小奕一邊重複打娃娃屁股，一邊說著：「我都說這麼多次了，為什麼你還是這麼不乖」、「我都已經說過了，你怎麼還是學不會呢？」……就這樣重複著打娃娃屁股的動作。

　　當小奕逐漸停止打娃娃的屁股……小奕突然說：「我剛剛讓媽媽生氣了。」當小弈說出這句話之後，就不再打娃娃的屁股，轉身開始找其他玩具。我追蹤小奕的行為，「娃娃剛剛一直被打屁股。」

小奕說：「小奕就是不乖。」

　小弈後來拿了好多的碗、盤子、鍋子、瓦斯爐，然後就開始開始煮飯給娃娃吃，開始照顧小娃娃，幫娃娃化妝，一邊說著：「小奕不用怕，媽媽最愛你囉！你不用怕怕喔！」之後，小弈就開始煮出一道一道的魚肉、豬肉、青菜湯、水果等，然後很開心地餵著小娃娃吃飯。

　遊戲治療結束的時候，我跟媽媽聊起小弈的狀況，小弈媽媽說：「我們平常在家裡，我很著急的時候就會兇他！但是，每次罵完之後，我就很難過！但是，他就真的做錯事情啊，我已經提醒很多次了，所以才會真的很生氣！」

烹飪遊戲的釋放療效：撫慰內在情緒，
　　　　　　　　緩解自責焦慮

　根據兒童福利聯盟文教基金會「2018 年台灣兒少被家長體罰情形及相關因素調查報告」，調查了全台灣五至八年級學生，發現不管社經地位高低、家中經濟狀況好壞，孩子被體罰的比例上沒有顯著差異，而被體罰的孩子中，有超過八成孩子反對「小孩做錯事就應該被體罰」。

從調查研究中進行分析，不管家庭環境與家庭背景，當遇到孩子的錯誤行為或親子教養上的難題，家長都傾向採用體罰的方式解決。但是，爸爸媽媽卻沒有讓孩子理解體罰的原因，造成孩子無法理解體罰的意義。

　　在孩子成長與學習的過程中，對於是非善惡的學習是很重要的，爸爸媽媽可以透過引導的方式來指出孩子不當的行為，並給予合理的解釋來修正孩子的錯誤，進而發展自我紀律的行為。

　　但爸爸媽媽通常都會很焦急且擔憂孩子持續性的錯誤，往往會直覺式地責罵或處罰孩子，孩子也許可以改變自己的錯誤行為，但是孩子也因為責罵或處罰而使得內在產生高度自責的情緒，長期的高自責情緒未獲得爸爸媽媽的理解，孩子成長之後可能會有自我傷害的行為。

　　在遊戲治療的過程中，我們會透過撫育性的玩具讓孩子舒緩內在的自責情緒，或是連結家庭中的正向照顧行為來重新穩定孩子的安全感。

撫育性玩具除了可以呈現家庭的面貌外，同時也是孩子在情緒釋放後能夠獲得自我照顧與慰藉的遊戲。

　在家庭照顧的過程，媽媽因為一時的情緒衝動而打罵小奕，媽媽對於處罰小奕的行為充滿愧疚感；然而，小奕並無法將處罰與自己做錯的事情獲得連結，反而連結了處罰與害怕的情緒。

　小奕無法具體說出做錯什麼事情，所以小奕就在遊戲過程中表現了自責，只是小奕最後也透過遊戲治療過程中，找到家長平時給予自己的照顧來撫慰自己的情緒。

　也許，對於爸爸媽媽來說，處罰不是絕對、也不是故意的，然而孩子的擔憂與害怕卻無法在短時間內獲得平復，所以爸爸媽媽的處罰帶來的是恐懼，卻無法讓孩子學習到正確行為，反而需要花更多的時間去安撫內在的情緒。

在遊戲治療結束的時候，我告訴小奕媽媽：孩子知道自己做錯了，但是在當下可能也不知道如何處理自己的情緒，所以不敢跟媽媽靠近。

但是，媽媽平時都會給予孩子的照顧與陪伴，也是讓孩子感受媽媽其實是很愛自己的，所以小奕就會想起媽媽生活之中給自己的照顧，然後透過照顧小娃娃的方式來安慰自己並提醒自己不要再犯錯而讓媽媽傷心。

媽媽以後可以試著跟小奕好好說，來安撫小弈的擔憂喔！

🦆 生活小貼士

提供孩子最熟悉的照顧遊戲，建立安全感

當孩子犯錯的時候，大人很容易因為一時著急而有情緒性衝動的對話或行為，往往孩子也都知道自己的錯誤，而不敢有所反應。

假若爸爸媽媽發現孩子一直處於焦慮的情緒中，可以準備最常使用的照顧類相關遊戲來給孩子玩，撫育性的烹飪遊戲多為母親在生活中最常照顧孩子的方式，所以孩子就會以烹飪遊戲而獲得與母親之間的正向記憶之連結，進而建立自我安全感並感受到家長的照顧！

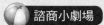
爸媽離了婚，
孩子悶悶不樂

　　3 歲的小喬在家不太講話，爸爸說：「我跟孩子的媽離婚之後，小喬跟著我一起生活；以前都是媽媽照顧她，但是媽媽沒有足夠的經濟能力照顧小喬，所以法院判定孩子跟著我，我平時的工作很忙，都是買便當給小喬吃；但是我覺得她愈來愈不快樂。」

　　剛進入遊戲室的小喬會邀請我一同遊戲，有的時候是商店的老闆，就會規定我要去他們商店買東西，小喬總會準備滿滿的商品、或是推薦我最受歡迎的食物……。小喬很享受當老闆的感覺，而且總會有模有樣的推銷不同商品！

小喬特別喜歡當餐廳老闆，每次都會準備食材給我，然後再進行烹飪，煮出滿滿一桌的食物，有魚、肉、青菜、薯條、湯等，並準備碗筷給我享用，每每小喬在煮飯的過程都是帶著滿滿的微笑，然後面帶笑容地看我有沒有把桌上滿滿的食物吃完。

經過了幾次的遊戲治療後，爸爸跟我說：「當小喬每次來到遊戲室，好像充了電的娃娃，回家又會開始跟爸爸聊天，遊戲治療過程是發生了什麼事情呢？」

烹飪遊戲的失落療效：重現生活情境，療癒失落感受

兒童福利聯盟文教基金會「2016 年兒童生活失落事件檢視與分析」的研究調查顯示，半數（49.9％）兒童近一年曾經歷「關係失落」，代表孩子曾和生命中重要他人之間的關係有所變化，例如變得較疏遠或面臨分離的經驗。

再進一步分析兒童經歷失落事件的情緒反應，八成左右（79.5％）的孩子表示很傷心、難過、很想哭，而調查中也將近三成（29.8％）孩子表示「即

使覺得悲傷難過，也不會去找人幫忙」。

　　兒童在生活中多少會經歷到不同的關係失落，其中最常見的就是爸爸媽媽的關係結束或分離，孩子無法改變爸爸媽媽的決定，卻只能將自己的情緒內縮而顯得悶悶不樂。

　　近年來的離婚率不停攀升，台灣在 2020 年高達 51,680 對離婚，位居亞洲之冠，亦即 1 年至少有 50,000 個以上的孩子會因為父母關係的結束而進入單親生活。

　　離婚後的親子互動是一個非常重要的考驗，因為親子之間可能要面臨生活的轉變，孩子重新適應生活、父母單獨面對子女的成長、子女的生活照顧，子女常會感到難過、焦慮、害怕以及自責的情緒。

　　只是，孩子大多很難說出內在真實的感受與想法，孩子選擇壓抑自己的想法，孩子有著負向的情緒，卻未尋求協助，進而使得爸爸媽媽與孩子之間有著跨越不了的距離。

遊戲治療中的烹飪遊戲可以讓孩子重現生活照顧的歷程，同時也可以讓孩子的情緒獲得被照顧的連結，補足了小喬生活中母女分離的缺憾，同時能夠讓孩子重新感受到情感的連結。

　　小喬從小的主要照顧者為媽媽，因為生活的改變而轉由爸爸照顧，小喬頓時失去了原本生活中最重要的照顧者，然而小喬無法跟爸爸說出自己內心對於媽媽的想念與期待，所以小喬只能在遊戲治療的情境中回到過往被媽媽照顧的生活。

　　面對主要照顧者的轉移，孩子的失落可透過共同的活動以獲得改善，爸爸可以陪伴小喬曾經跟媽媽一起做的事情，或是跟小喬之間更多話語連結來拉近情感，或是創造與小喬之間共同的互動，這樣就可以讓小喬在情感上獲得滿足並走出失落的感受。

　　在遊戲治療結束的時候，我告訴小喬爸：小喬還在療癒母親不在身邊的時光，爸爸現在也是很用心在照顧小喬，只是小喬過去都由媽媽照顧而有另一份深厚的情感連結，也許小喬害怕爸爸擔心、且不知道如何跟爸爸說出內心對媽媽的想念，

所以，孩子選擇在遊戲室進行過去跟媽媽一起煮飯的互動，在烹飪過程可以療癒自己對媽媽的想念。

爸爸不用擔心與害怕，爸爸也可以建造屬於你們兩個共有的互動，比如晚餐一起吃飯聊天、利用假日一起打球、一起去公園玩。

 生活小貼士

和孩子一起玩家家酒，提供正向連結情緒

當孩子面臨與重要他人分離的時候，孩子一定會有所想念，因為長期的陪伴必定有共通的情感連結。

假若爸爸媽媽發現孩子在面臨分離而手足無措的時候，可以準備孩子過去最常與重要他人進行的活動或是小信物，透過共同的回憶、共同的物件、共同的分享而讓孩子感受到關係並不會因為分離而斷開，所以孩子可透過烹飪遊戲而獲得與生活主要照顧者之間的正連結，進而減低分離的失落感受！

 可以這樣做

遊戲主題：一起扮家家酒吧

適用時機：發現孩子常常會一直哭、黏在爸媽或是主要陪伴者的身邊、半夜起床找爸爸媽媽或主要陪伴者，比較沒有安全感。

遊戲目的

1. 協助孩子安撫個人情緒

2. 增加孩子的內在安全感

3. 提升爸媽或陪伴者與孩子的情感連結

時間：平常遊戲時間約 10-20 分鐘

地點：遊戲區、客廳

事前準備：烹飪玩具（食物盒、廚具、娃娃人偶等）

步驟

1. 請孩子將扮家家酒玩具擺放在桌面上

2. 讓孩子扮演煮飯、準備食物的角色，爸爸媽媽或陪伴者可成為客人或是在旁邊觀察

3. 當孩子開始煮飯、準備食物時，爸爸媽媽或陪伴者可以透過聊天的方式，「追蹤」孩子正在進行的動作（例：「你在準備食物」、「你把飯煮好了」、「你把食物拿到桌上」）

小叮嚀

1. 爸爸媽媽或陪伴者讓遊戲的主體與責任回到孩子身上，爸媽及陪伴者只要展現「我與你同在」，以及尊重孩子的態度。

2. 爸媽或陪伴者在遊戲過程中，嘗試「追蹤」孩子的行為與動作，例如：當孩子把食物拿起來時，爸媽說：「你拿起食物。當孩子把食物放在鍋子裡面煮，爸媽說：「你把食物放到鍋子裡面。」

3. 爸爸媽媽或陪伴者在遊戲過程中，只要用眼睛觀察，不要問問題。避免使用「問句」與「為什麼」；因為使用問句時，孩子會覺得不被了解，且會感到被質疑，一旦孩子出現這樣的反應時，主導權就已不在孩子的身上，也會干擾到孩子內在自由遊戲、自主表達的過程。

還可以深入討論的問題

當小孩笑嘻嘻地把盤子放在地上，然後說：「晚餐時間到了，大家來吃飯吧！」

爸爸媽媽或陪伴者可回應：

1. 「你要讓大家都知道晚餐準備好了。」

2. 「你把食物都準備好了，你想要跟大家一起用餐。」

3. 「你很開心地準備食物讓大家吃。」

陪伴孩子一起走過情緒風暴

遊戲結束的時候，爸爸媽媽或陪伴者可以這樣說：「剛剛遊戲的時候，我看到你會準備好多食物跟煮出好多菜肴，讓我們都吃得飽飽的，就好像爸爸媽媽在照顧我們一樣。」

Chapter

4

教孩子面對
生活挑戰
扮演類玩具

現實生活對成長中的孩子來說，有各種的挑戰，

有令人害怕的打針經驗，

讓人受挫的人際互動及學校課業等，

在模擬社會情境的遊戲中，

孩子的「練習」是最大的「養分」，

爸爸媽媽有您的陪伴，孩子會更快適應喔！

 諮商小劇場

動不動就會一直哭，
孩子有心事

　　7 歲的小張在家中的情緒一直很不穩定，有的
時候會突然大哭，有的時候又會躲在角落悶悶不
樂……，每次情緒過後會要媽媽一直抱抱，媽媽
問小張怎麼了，卻總是得不到答案，這樣的小張
讓媽媽很擔憂……

　　小張很喜歡遊戲室內的大熊熊，每次都會抱著
大熊熊，在一次遊戲治療的過程中，小張拿了醫
生的聽診器一直幫熊熊聽肚子、拿了藥水擦在熊
熊的手臂上、拿著一塊布蓋住熊熊的眼睛，幫他
蓋著棉被，然後哄著熊熊入睡……

過了一會兒，小張開始餵熊熊吃藥、一口一口餵著藥水，然後幫熊熊準備好食物，再準備電視給熊熊看，接著再抱著熊熊睡覺。

　　我跟小張媽談起了此次遊戲治療的過程，也非常好奇小張的過去⋯⋯。小張媽提起 3 年前的辛苦。當時才 4 歲的小張，因為遺傳性的眼疾而住院了 1 年，小張不斷在醫院與家中來來回回，開刀、治療、吊點滴、出院、休養、復發、回診、住院⋯⋯，總是這樣來來回回的生活，過了 1 年才重新回到幼兒園上課，但是小張也是在這之後更常哭泣。

　　小張在幾次的遊戲治療過程，時而抱著熊熊睡在小床上、時而抱著熊熊看電視、時而抱著熊熊擦藥、時而抱著熊熊打針、時而抱著熊熊講笑話⋯⋯。就好像熊熊在經歷住院過程的來來回回，但是小張的眼神慢慢變得更清澈，小張說笑話的頻率也開始增加。

醫生遊戲的修復療效：重現就醫過程與感受，
修復舊時傷痛

孩子們從小到大都有就醫看診的經驗，瑞信兒童醫療基金會（2011）調查發現，46％的孩子害怕看病，當這些孩子看到醫生97％會哭鬧，57％會因此做惡夢或半夜驚醒；同樣也很少有孩子很心甘情願乖乖看病，尤其是嬰幼兒都會經歷接種疫苗的階段，3歲以下幼兒須接種疫苗達25劑，代表爸爸媽媽必須面對寶貝打針時的哭鬧挑戰至少25次以上。

在就醫接種疫苗的過程中，爸爸媽媽常常會對孩子說：「打針就像被蚊子叮一下，不會痛的。」但事實上，孩子依然會直接感受到疼痛，對於孩子來說，就醫很明顯就是一個經歷不舒服感受且產生不安全感的過程。

這樣的不安全感會讓孩子對就醫有所害怕，也因此在遊戲治療過程中，最常被孩子使用的就是「醫生看病組」玩具。每位孩子都會當小醫生，然後重演過往就醫看診的經驗，透過重新再經驗一次就醫過程來釋放情緒壓力，可見就醫經驗是孩子成長歷程必經的痛處。

對於曾有就診或住院經驗的孩子來說，面對醫護人員的陌生、打針過程的煎熬、就診檢查的不適等，這些產生不安全感的過程非常難熬，甚至於會烙印在孩子心底深處，進而造成孩子焦慮感蔓延。

　　爸爸媽媽該如何陪伴孩子就醫看診的經驗，同時也能夠在術後回復孩子的安全感，著實考驗著爸爸媽媽與小張的情緒調適能力。

　　遊戲治療可以陪伴孩子重新回到創傷的情境，繼而治癒孩子傷痛的情緒。小張很難直接透過口語表達住院時的心情，尤其是開刀吊點滴的不舒服感受，所以小張才會壓抑塵封已久的情緒。

　　只是長期下來就欠缺了安全感，因為小張總擔心自己是不是還要入院就醫、擔心還要不要再面對開刀的歷程、擔心自己是不是還要持續住在醫院而無法就學，這些無限的擔憂與焦慮循環導致小張長期的情緒壓力與不安全感。

　　在遊戲治療的過程中，小張演出了住院過程的角色，小張陪伴著熊熊走過住院的階段，正如同陪伴自己重新修復住院的傷痛，當小張陪伴著熊熊、也陪伴自己長出了勇氣、一點一滴治癒曾經獨自面對無助感的自己。

在遊戲治療的最後一堂課，我告訴小張媽：遊戲治療讓小張把壓抑很久的情緒整理了出來，看起來愛哭的小張其實被過去的住院感受卡住了。

因為住院的過程太多煎熬與獨自面對的孤單，所以小張目前需要安全感跟勇氣，不用急著讓小張不要哭，而是先給予安全感之後再給予勇氣！

🦆 生活小貼士

用擁抱安撫情緒，用遊戲修復害怕

若爸爸媽媽在帶孩子就醫返家後，孩子出現焦慮不安或無法好好入眠的情況，可以平常在家中時多多抱抱孩子，透過擁抱增加孩子的安全感，讓孩子感覺到不是孤單一人面對病魔。

醫生組遊戲的功用，主要就是讓孩子可以重現內在害怕的情境，並藉由反覆遊戲的過程來修復自己的害怕，並陪伴自己走過就醫歷程以獲得勇氣。

此外，若以遊戲的功用來說，烹飪遊戲屬於「撫育類」遊戲，可以透過烹飪過程來撫育孩子內心的不安情感；醫生遊戲屬於「扮演類」遊戲，透過扮演來重現焦慮情境並重新獲得掌控感。

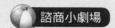

爸爸愛生氣，
親子距離遠

　　小宇的爸爸平常都忙碌於工作，但 10 歲的小宇最近常會生氣的跟爸爸說：「你之前都會罵我，我最討厭你了！」小宇爸跟小宇媽聽到這樣的對話都感到十分詫異，事情都已經過了 5、6 年了，怎麼孩子都還掛念在心上？

　　在遊戲治療的過程中，小宇會挑選各種不一樣的玩具進行遊戲。這次小宇拿著一隻大恐龍，大恐龍張著大大的嘴巴，大嘴巴裡面有尖尖的牙齒，兩隻爪子就擺在胸前，大恐龍擺躺在地上；接著，小宇拿了醫生的聽診器掛在胸前，並開始幫大恐龍看病。

當小宇一邊幫大恐龍看病,小宇也準備了三大盒的藥物;小宇把藥慢慢地倒在盤子上,然後一口一口地餵大恐龍吃藥。

剛開始大恐龍都乖乖吃藥,可是中間會很生氣地說:「藥好苦喔!藥一點都不好吃!」就把藥都丟掉;接著,小宇又拿起了藥,再度餵大恐龍吃藥。大恐龍乖乖地把藥吃完了,然後也靜靜地睡著了。

小宇5、6年前被爸爸罵過之後,小宇就很少跟爸爸說話,媽媽總覺得父子之間好像有距離,小宇的媽媽總會陪在小宇的身邊陪他聊天,就像小宇照顧大恐龍一樣的細心,小宇總會在媽媽的安撫下乖乖睡著。

醫生遊戲的傷痛療效:透過幫玩偶看病過程,療癒內心傷痕

根據兒童福利聯盟文教基金會在「2018年台灣兒少被家長體罰情形及相關因素調查報告」中,調查了全台灣五至八年級的學生,發現過去半年內有超過三成以上(35.7%)的孩子曾受到家長體罰,而

這些曾被體罰過的孩子與不曾被體罰過的孩子相比較，在回答「我覺得和爸媽很親近」的項目中，被體罰過的孩子少了 13％，顯示父母體罰孩子會破壞親子關係。

然而，在傳統華人的教養觀念中「愛之深，責之切」、「恨鐵不成鋼，不打不成材」的打罵教育並不少見，雖然父母對於孩子的關愛是深切的，甚至於現在很多爸爸媽媽都會期待和孩子之間有更多的靠近與對話，卻因為不當的教養方式而影響到親子關係，著實非常可惜。

對於孩子來說，爸爸媽媽屬於安全依附的堡壘，孩子總會期待可以與父母靠近，但是因為爸爸媽媽打罵而讓孩子對於爸爸媽媽心生畏懼，甚至於不知道如何與爸爸媽媽好好相處。這樣的感受，正如同爸爸媽媽期待和孩子靠近，卻也不知道如何好好與孩子對話。

在遊戲治療的過程中，常常看見孩子會出現用兇猛動物攻擊弱小動物，然後小動物需要在就醫過程中敷藥，然後慢慢地再回到動物世界好好生活的情境。孩子期待被安全與照顧的感受，不僅僅考驗著

爸爸媽媽的情緒能力，同時也考驗著家庭親子關係的修復與重建。

有些時候爸爸媽媽僅是一時地生氣或氣話，但是孩子卻把這樣的擔憂情緒放在心中，雖然孩子總是不說，但是孩子知道身邊有重要他人會陪伴自己，孩子也在遊戲治療中修復了傷痛。

小宇曾經一直被嚴厲的爸爸罵，所以小宇面對爸爸常常會生氣，他藉由一邊餵恐龍吃藥的過程，一邊好好照顧曾經受傷的自己。這樣的傷痛也需要足夠的療癒時間，小宇透過醫療組合的玩具修復了過往的害怕。

孩子挑選了醫生組的遊戲來幫大恐龍看病，就像孩子常常都被爸媽罵而滿身傷痕，小宇幫大恐龍看病來修復小時候被罵的傷痛，就像有媽媽陪伴在身邊的安全感，也在醫治恐龍的過程治癒了內心的傷痕。

在遊戲治療結束後，我告訴小宇媽：遊戲治療
讓小宇可以演出情境而釋放出內在的擔憂與害怕，
小宇對於被打罵是有擔憂與害怕的情緒，但是媽
媽也是帶給孩子復原力的重要對象，所以媽媽不
用擔憂小宇一直活在過往的害怕之中，因為孩子
在醫生組合中治療了自己的傷痛，同時也提升了
自己的內心免疫力。

🦆 生活小貼士

鼓勵孩子說出負面情緒，
用醫生遊戲緩和壓力

平常在家中陪伴孩子時，爸爸媽媽不妨多多陪伴
孩子進行對話，鼓勵他說出內心的感受，讓孩子的
情緒獲得舒緩。

當孩子出現較多負向情緒或是情緒性攻擊的話語
時，爸爸媽媽也可以陪孩子玩玩醫生遊戲組，一邊
緩和自己的情緒壓力，一邊引導孩子治癒受傷的自
己，在過程中練習說出內在的感受，當孩子感到放
鬆的時候，就可以表達內在的想法。

只受傷一次，孩子
還是忘不了當時的痛

　　7 歲的安安每次進到遊戲室都會嘰哩呱啦說個不停，這次安安挑了醫生組的遊戲。安安拿著手上的聽診器幫我看診，而聽診器停在我的膝蓋前面，然後又拿了小錘子敲敲我的膝蓋……，反反覆覆檢查我的膝蓋。

　　突然，安安拿了個鑷子，開始一次一次地夾著小東西，在過程中一邊說著：「乖乖唷！夾出來就不會痛了……」。

　　安安就這樣一個一個地像夾著小東西般，然後反覆幫我上藥，擦上一層一層的藥膏，這個過程花了將近 20 分鐘的時間。接著，安安開了一些藥

水給我，告訴我：「回家要乖乖吃藥喔！這樣傷口就不會一直痛痛的！」

當我告訴安安媽這個互動遊戲時，安安媽說：「這已經是 5 年前的事情了，他怎麼還記得呀！那時候他很痛，因為受傷的地方就在膝蓋上面，所以醫生沒有辦法打麻藥，醫生就慢慢用夾子把沙子夾出來……，過程讓安安痛地一直大叫，但是他還是勇敢地讓醫生把沙子都夾光光了！」

接連兩次的遊戲治療課程，安安都會扮演醫生，從一開始一邊擦藥說：「夾出來就不痛了！」一直到第二次遊戲治療，安安醫生說：「已經不會痛了唷！因為痛痛都趕走了！」

第三次遊戲治療，安安醫生說：「你很勇敢，你都不會哭哭，所以痛痛就不見了！」

當我聽到安安說出了：「你很『勇敢』」，我知道這代表安安已經不再被過去的傷痛壓抑住，反而看見自己的勇敢跟改變。接著，安安就停止了醫生扮演遊戲。

醫生遊戲的創傷療效：透過反覆詮釋傷痛過程，
轉換成勇敢與力量

衛福部（2020）統整出兒童最常見的四大意外創傷，包括擦傷、拉扭撞傷、燙傷及噎到。根據醫學統計研究發現，兒童急診就醫比例之中，大約有25％是因為跌落（跌倒與墜落）就醫，是就醫比例中最高的事故傷害，其中 0 到 6 歲受傷人數約占總人數的 69％。

在這麼高的統計數字中，可以發現孩子因為學習走路或是在學校玩樂時跌倒受傷比例甚高。兒童是面臨最多意外事故威脅的一群，但也同時是保護能力最弱的一群。

孩子跌倒受傷經驗都是突然而來的，對孩子來說，每一個都是創傷經驗，孩子會在遊戲治療過程中重現當下的情境，並且表現出內在的擔憂與害怕。

遊戲治療正是經由反覆遊戲，讓孩子重新在過程中獲得掌控感，降低內在的害怕情緒。

對兒童來說，創傷是指孩子在沒有準備的情況下受傷、被驚嚇或看到意外發生，大部分的人都認為

創傷經驗必須要有暴力、身體受傷或生命受到威脅的經驗才算。

事實不然，因為創傷是非常主觀的感受，對於欠缺足夠表達能力的孩子而言，只要是感受到不安全、孤立無援、或無助的感受都有可能造成壓力或創傷。

而孩子跌倒受傷的比例偏高，對於看診就醫都會存在著害怕的感受，當孩子無法表達出內在創傷經驗，則會透過反覆的遊戲來經驗過往的傷痛，透過一次次遊戲修復內心的創傷並獲得勇氣。

醫生遊戲對孩子來說是最真實的情緒表達，孩子可以直接在遊戲過程表現他遇到的受傷事件。對於孩子來說，遊戲治療可以重現孩子曾經遇到的傷痛歷程，而扮演遊戲的過程是真實表達情緒的機會，孩子把自己曾經有過的高度情緒感受事件，透過扮演遊戲呈現出來。

安安在遊戲治療的過程中，讓自己擔任醫生的角色，當安安是醫生的時候就是一個可以掌握治療進度與流程的主宰者，不再是無助接受治療的病人；安安醫生在安慰病患的過程，同時也是在撫慰過去受傷且無助的自我。

透過反覆的遊戲，安安可以讓這樣地傷痛重新獲得詮釋，進而讓自己最害怕的就診經驗不再成為影響個人的事件，當治療告一個段落，孩子也成為勇敢走出創傷的自己。

　　遊戲治療結束的時候，我告訴安安媽：遊戲治療的過程讓安安能夠走過傷痛，也讓安安看見勇敢的自己。

　　如果可以的話，可以在家中多鼓勵安安的勇敢，讓安安感受到自己在面對受傷或是傷痛的時候，自己有足夠的能量去面對並走過挫折，這樣就會減少對於過往就醫的害怕，並轉換成勇敢與力量。

 **生活小貼士**

孩子感到害怕時，就讓孩子玩醫生遊戲吧！

　　爸爸媽媽在家中陪伴孩子時，若發現孩子正面對挑戰或挫折感受時，可以在當下多多回應孩子的勇敢，可以談談受傷或挫折的過程，並鼓勵孩子站起來的勇氣。

　　孩子在醫生遊戲當中，能夠呈現獨自面對就醫過程的無助，同樣也能夠在過程中逐漸長出勇氣，正如同生活中面對的困境，例如：訂正錯誤的題目、跌倒後勇敢去擦藥、做錯事情勇敢面對等，當孩子接收到勇氣之後，更能夠在未來帶著勇氣經驗挑戰並持續前進。

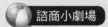

孤獨的孩子，
其實很想要朋友

　　6歲的小華第一次進入遊戲室，挑選了收銀機的遊戲，他一個人拿著收銀機，然後開始數錢、把食物放在桌上⋯⋯

　　接著，自己換成客人角色，拿著食物去購物。小華默默在旁邊遊戲著，輪流扮演老闆與客人⋯⋯。偶爾會轉頭看看我，但是卻一句話也沒有說。

　　看著小華自己遊戲，我問小華：「我可以跟你一起玩嗎？」

　　小華當下沒有說話，突然抬頭看著我的眼睛，然後再繼續自己遊戲著⋯⋯

過了一會兒，我又一次詢問小華：「我可以去你的店裡買東西嗎？」

小華再度抬起了頭，依然沒有多說什麼，然後點點頭……，讓我到他的店裡買東西。

我說：「老闆，我想要買玩具。」小華默默拿了一顆球給我，沒有收費。

我再問：「老闆，這顆球可以怎麼玩呢？」小華拿著球拍一拍，然後就丟給我了。

第二次遊戲治療課程，小華依然選擇了收銀機遊戲，這一次小華主動分給我一些錢幣，然後把東西都擺放在我的面前，看著我的眼睛……

我說：「老闆，你們店裡有沒有比較好的玩具？我想要買回家玩。」

小華默默開口說了：「這個球很好玩。」

我說：「真的嗎？那我可以怎麼玩呢？」

小華再度開口：「你可以回家拍拍球，或是拿來丟牆壁。」

遊戲治療結束後，我告訴小華媽遊戲治療的過程，媽媽說：「小華在學校常常一個人在教室的角落，小華不會主動加入同學們的遊戲，所以我很擔心小華在學校的人際互動……。」

收銀機遊戲的互動療效：在角色扮演遊戲中，
熟練人際互動的技巧

兒童福利聯盟基金會於 2022 年公布「育兒現況暨疫情後親子遊戲趨勢調查」結果，發現從 2020 年 COVID-19 疫情衝擊全世界後，超過七成的家長因擔心孩子被感染，不敢帶孩子出去玩；36％家長擔心孩子染疫不敢找別人玩，孩子沒有玩伴；取而代之的是 3C 和家用遊戲機的使用量大增，兒童玩 3C 產品的比例從 6.5％上升至 19％。

因為人際互動機會的大幅縮減，孩子對於他人情緒的覺察與反應因此大為降低，且因為在實際互動中有的人際挫折經驗導致孩子躲進了網路世界。

依照心理學家艾瑞克森（E. Erikson）提出的心理社會發展理論，人生的各個階段都有不同的人際關係需求的存在，也會因為不同的階段而轉移到不同的對象，從一開始家庭關係中的父母、家庭成員，到學校的師長、同儕，以及親密關係的需求。

然而，當孩子可能因為欠缺人際互動技巧而脫離社會關係時，爸爸媽媽會發現孩子常常一個人遊

戲，儘管如此，孩子還是有重要同伴的需求。

扮演／想像類別的遊戲可以讓孩子在遊戲中呈現生活中的情境，倘若爸爸媽媽或手足可以參與孩子的遊戲，能提升孩子的社交互動能力。

小華在遊戲治療的過程中，剛開始都是獨自遊戲且不會進入合作型遊戲，所以小華就會獨自扮演老闆跟客人的角色，反映出小華欠缺足夠的人際互動技巧。

而收銀機遊戲的好處可以扮演老闆及客人的角色，透過兩個角色的購物過程及對話，孩子不僅可以學習跟他人互動的人際社交技巧，包括口語表達能力、理解他人的對話，透過扮演老闆與客人的過程而增加同理心反應，未來才能夠達到跟他人互動的正向經驗。

我告訴小華媽：小華其實很想要跟別人一起玩，只是小華不知道怎麼跟別人玩；在遊戲治療的過程中，小華其實一直偷偷觀察我的反應，但是卻不知道怎麼開口。

媽媽可以嘗試在家中偶爾跟小華一起遊戲，或是邀請同年齡層的小孩一起玩，讓小華有更多練習跟別人互動的方法。

🦆 生活小貼士

孩子沒有朋友時，
爸爸媽媽就加入孩子的遊戲吧！

現在的家庭很多為獨生子女，或是因為疫情而減少人際互動的機會，家長可以嘗試每天大約只要 5 分鐘的時間陪著小孩一起進行扮演式遊戲，且在遊戲中與孩子有比較多的對話，可以讓孩子練習與他人互動的方式，讓孩子在進入學校之後可以嘗試觀察同學反應、邀請同學遊戲、分享遊戲物件、進行遊戲對話。

玩遊戲也可以訓練記憶力

　　5 歲的小安在生活中總是丟三落四，時常找不到玩具，或是收拾玩具的時候無法讓玩具完整地歸位，儘管小安媽已經反覆提醒，但是小安依然沒有改變

　　小安每次進入遊戲室，總是喜歡挑選收銀機玩具，並且擔任店家的老闆。接著，小安老闆會準備各種不同的食物擺放在收銀機前面，邀請我到店裡購買食物，若我有想要購買的食物，小安就會說出每種食材可以製作的食物。

　　我說：「我要買蛋。」

　　小安老闆會把蛋放在收銀機上面的秤台測重量，

然後按按收銀機，說：「蛋很新鮮，這個蛋總共100 元。」

我說：「我要買雞腿。」

小安老闆會把雞腿放在收銀機上面的秤台測重量，然後按收銀機，說：「雞腿可以放到氣炸鍋，煮出來很好吃，雞腿總共 100 元。」

最後結帳的時候，小安老闆會說：「你要刷卡還是付現？需要統編還是載具？」

遊戲治療結束的時候，我詢問小安媽：「小安最近的生活表現有不一樣嗎？」

小安媽說：「小安最近比較能夠好好收拾玩具，而且都記得玩具歸位的位置，也知道去哪裡找玩具。」

收銀機遊戲的記憶療效：遊戲重現購物情境，提升大腦記憶力

英國的研究顯示，大約有 10％的學齡兒童屬於低工作記憶兒童，這些兒童經常有注意力不集中、學習動機低落或學業表現不佳的現象。記憶是一項重要的認知能力，從嬰兒時期開始，我們就依賴記憶來累積經驗，學習新的人、事、物，其中 0 到 3 歲

是孩子記憶發展的第一個關鍵期。

隨著年齡的增長與大腦皮質的成熟，嬰幼兒逐漸增加對外界訊息的處理效率及記憶能力，能夠暫時記住的記憶項目逐漸增加，記住的時間也逐漸增長，當孩子 2 至 3 歲就會發展回憶能力。

人類的記憶正如同電腦一樣，需要將訊息轉化成記憶，其中至少需要經歷三個訊息運作階段，包含「編碼（encoding）」、「儲存（storage）」和「檢索（retrieval）」所以，當我們的大腦要記憶時，首先需要將記憶內容「編碼」，將得到的刺激轉化成可被大腦儲藏的「訊息」，接著將編碼過的訊息加以儲存，而這些儲存的檔案就會在需要的時候，能夠被「檢索」及「提取」出來使用。

扮演類遊戲便是訓練孩子記憶能力的過程，因為孩子在遊戲中需要回憶生活事項並提取出來加以演示，而這些記憶事項即是生活中的觀察與模仿。扮演 / 想像類別的遊戲可以讓孩子演示生活中的大大小小事物，同時也可以訓練孩子的長期記憶能力。

小安在遊戲中把平常前往便利商店或是超級市場購物的情境演了出來，甚至可以秤重量、收錢、還

可以說出統編及載具等購物結帳時的特殊需求，可見小安非常仔細的觀察大人生活行為，並經過大腦的記憶能力重新演示了出來。

孩子在無形之中將生活行為進行編碼而進入記憶區，在隨著扮演遊戲的過程進行記憶解碼而在遊戲中表現出來，這類的遊戲不僅提升孩子的記憶能力，相對也幫助孩子在課業上展現自己的學習成果。

遊戲治療結束的時候，我跟小安媽說：小安在遊戲治療的過程中，總是可以說出生活中呈現的事項，並且將每件事情都說得很清楚，這代表小安在遊戲治療過後的情緒穩定且記憶能力有所提升。

🦆 生活小貼士

想從小訓練孩子的記憶力，
就讓孩子玩扮演遊戲吧！

想要訓練孩子的學習與記憶能力時，若孩子年齡較小而無法進行較多語文或數理的學習，爸爸媽媽可以準備生活情境中的扮演遊戲，讓孩子透過遊戲的裝扮過程來回憶生活樣貌並提升記憶。

可以這樣做

遊戲主題：小小醫生就是你

適用時機：爸媽或主要陪伴者發現孩子每次打完預防針回家或是在生病過後，常常會半夜哭醒或是抗拒到醫院就診。

遊戲目的

1. 重現孩子的就醫情境
2. 協助孩子表達與紓解情緒
3. 增加孩子對於生活挑戰的掌控感

時間：看病就醫之後、打預防針之後

地點：遊戲區

事前準備：醫生聽筒玩具、玩具針筒、玩具藥罐、醫療包、玩偶病人等

步驟

1. 爸媽或陪伴者為孩子準備醫生組遊戲，由孩子主動進行遊戲。
2. 由孩子擔任醫生的角色，爸媽、陪伴者或是玩偶擔任病人的角色。
3. 當孩子醫生為病人打針的時候，爸媽或陪伴者可以反應出病人的心情。

小叮嚀

1. 由孩子主導遊戲進行，爸爸媽媽或陪伴者不要干涉或引導孩子就診過程。

2. 由孩子醫生為病人打針或開藥，爸媽或陪伴者僅需反應感覺。

3. 爸媽或陪伴者擔任病人的回應方式，如下：

- 被動型回應：不說話，但姿勢或行為會順孩子醫生的要求而改變。
- 低能量回應：能達成對方的要求。

    例：孩子醫生：幫我拿針筒。

      爸媽病人：（拿針筒的動作）我拿好了。

- 專注型回應：簡單的單字或句子回應對方。

    例：孩子醫生：你可以幫我拿藥藥嗎？

      爸媽病人：好啊！

- 激勵型回應：彼此投入對話，眼神能有接觸。

    例：孩子醫生：你要乖乖吃藥喔！

      爸媽病人：謝謝醫生，我回家就會吃藥的。

還可以深入討論的問題

1. ○○醫生，剛剛打針的時候好痛喔！你之前打針也會痛痛嗎？

2. 謝謝○○醫生幫我打針，我的病毒蟲蟲就都不見了嗎？

3. 打針雖然會痛痛，我現在都不會哭哭，要怎樣才不會哭哭呢？

陪伴孩子一起走過情緒風暴

　　遊戲結束的時候，爸媽或陪伴者可以這樣說：「剛剛的醫生都有照顧我們、幫我們打針，就不用怕病毒蟲蟲了！打針會痛痛，但是你也變得愈來愈勇敢了耶！」

Chapter

讓孩子呈現
情緒困境
恐怖類玩具

別以為孩子還小，就沒有煩惱，被人欺負、挫折困境、

分離焦慮等都可能是孩子說不出口的「壓力」與「情緒」。

讓大恐龍、大鱷魚等恐怖玩具都可能代表孩子

正在承受的「痛」，爸爸媽媽您是否發現了呢？

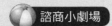
挫折和困境，
孩子充滿無助感

7歲的小藝連續幾次來上課，都玩著一樣的大蜘蛛……但是，每次都有所變化。

第一次上課的時候，小藝在溜滑梯的下方擺了蜘蛛、鱷魚、毒蛇、恐龍，每次溜滑梯下來的時候，都有恐怖的動物在下面等他，躺著的小藝就這樣被恐怖動物包圍著，嘴巴說著：「他們都在咬我。」

小藝被咬的時候，都沒有辦法躲開，所以躺著任由蜘蛛咬，一隻一隻的蜘蛛、鱷魚、毒蛇爬滿了小藝的身體，小藝露出無限痛苦的表情，然後垂死般地躺在溜滑梯旁邊，張大雙眼看著我。

在這個時候，我準備了醫生急救箱跟藥水到小

藝的旁邊，幫小藝擦了擦藥，小藝就慢慢站起來，繼續溜滑梯……

第二次上課的時候，小藝還是進行一樣的遊戲，蜘蛛、鱷魚、毒蛇、恐龍在溜滑梯下方等著小藝，然後小藝告訴我：「要準備藥水喔！」小藝請我拿醫生的急救箱跟藥水，在他被咬的時候，快點幫他擦藥，等他擦完藥之後，他就可以站起來再繼續溜滑梯了！

第三次上課的時候，小藝再次進行一樣的遊戲，這一次小藝被蜘蛛咬的時候，小藝逃脫這些蜘蛛的攻擊，而且小藝自己去拿藥水幫自己擦藥，小藝說：「我才不怕勒！」

後來的遊戲治療，小藝挑選蜘蛛或大鱷魚的時候，不再露出害怕的神情，也會把害怕的大蜘蛛、大鱷魚趕到旁邊去。

蜘蛛的學習療效：在重複遊戲中釋放壓力，找到學習解脫之道

根據《親子天下》「2021社群世代心理安全感萬人調查」調查顯示，當孩子被問到「當我感到難過或沮喪，會先找誰談心事？（單選）」找父母談心

事的比率，中年級學生 42％，但高年級則急速下降到 28％，到了國中則只剩下 19％。

孩子遇到困難的求助時候，有一半以上的孩子不會跟父母求助，反而會壓抑情緒、自己去尋求同學或自己找方法。但事實上，學童面臨無助情境時，最後仍需要父母的後援，此時，我們最擔心的是，孩子不知道如何走出內在的創傷或壓力。

當孩子在經歷壓力或創傷之後，遊戲的過程往往會千篇一律、充滿儀式感且缺乏樂趣、創意的遊戲「強迫性重複」，持續多次以上的遊戲過程。在孩子的潛意識中，透過重複性的遊戲打開感官知覺去重新感受與體驗創傷，不會侷限在傷痛之中。

而經由重複性遊戲的過程，孩子也會釋放創傷的壓力，強化個人的內在特質以修復創傷；最後，孩子會重新組織整合自己的想法並獲得創新且矯正情緒經驗感受。

遊戲的過程，孩子因為潛意識的連結而出現強迫性的重複遊戲，這些重複性的遊戲，讓孩子能重新獲得掌控感和主導權。

然而，對大部分的孩子，都不知道如何改變或扭轉局勢，所以當孩子無助的當下獲得成人協助時，反而可以讓孩子學習到新技能以面對創傷壓力。

　　當小藝在面臨蜘蛛攻擊的險境時，一開始只能無助的被攻擊且因沒有辦法逃脫困境而束手無策，所以小藝會露出無助的痛苦表情。

　　但是，心理師在遊戲過程中扮演醫生且給予就醫診療後，小藝就知道可以在困難時可以尋求協助，因此當小藝再次遇到攻擊時，就知道可以尋找幫忙，然後找到脫離困境及處理傷痛的方法，最後救活自己。

　　在遊戲治療結束後，我告訴小藝媽：原本小藝面對挫折是很無助的，但是在遊戲治療的扮演過程中，我們讓小藝學習到新的方法去面對無助，所以媽媽可以多多給予小藝陪伴與照顧，同時也讓小藝知道媽媽會幫助他面對害怕與擔憂，小藝不會單獨一個人面對害怕與恐懼。

孩子感到無助時，
就讓孩子玩恐怖大蜘蛛吧！

在家中陪伴孩子遊戲時，若發現孩子常常在遊戲中重複出現無助情境時，爸爸媽媽不妨加入遊戲或協助孩子面對困境，增加孩子面對無助情境的解決助手。

當孩子挑選蜘蛛、鱷魚等恐怖類的遊戲時，爸爸媽媽協助孩子增加新的技能之後，孩子知道自己是可以脫離險境的，孩子即可以學習到新的能力，並且增進自己的控制感，嘗試自己學習到的新方法以脫離困難險境。

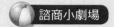

手足分離，孩子開始出現脫序行為

　　8歲的小越在學校常常會逗弄班上同學，從一開始的開玩笑，到後來故意把同學的東西藏起來，甚至會把同學害怕的假蜘蛛、假蟑螂偷偷放在同學的抽屜內……，老師一次次的投訴，讓媽媽感到不勝其擾。

　　小越在第一次踏入諮商室時，對任何玩具與遊戲都表現興趣缺缺的樣子，一直喊著「好無聊」，唯有看到大蜘蛛的時候，說了一句：「這個也太兇了吧！」

　　第二次遊戲治療的過程中，小越挑選了嚇人的蜘蛛、大鱷魚，突然丟向了我，我著著實實被嚇

到了，沒想到，我不自覺被驚嚇的反應反而成為小越與我之間的連結……

小越在諮商的過程中，反覆進行著「把蜘蛛丟到我的身邊，然後看到我驚嚇」的遊戲，如此反覆進行了 20 分鐘，小越沒有在遊戲治療過程中說到：「好無聊！」

第三次遊戲治療，小越依然挑選了嚇人的蜘蛛、大鱷魚，再次丟向了我，小越對於我每次受到驚嚇的表情感到開心……。同時，小越也開始了跟我之間的對話。

小越會跟我說：「蜘蛛很恐怖喔！」、「我最怕蜘蛛了！但是姊姊都會陪伴我，叫我不要怕！」、「不要怕！我會保護你」這一切似乎有了答案……

當我跟小越媽媽談起小越的行為的反差後，媽媽才娓娓道出：「自從姊姊去國外念書後，只要每次跟姊姊視訊完就會一直哭鬧，所以就減少讓小越跟姊姊視訊。之後小越就常常說他好無聊，然後偏差行為越來越多，常常在學校捉弄同學。姊姊從小到大最喜歡跟小越玩蜘蛛嚇人的遊戲，因為家中只有兩個小朋友，所以他們最喜歡相互

驚嚇，姊姊也會安慰小越不要怕；但是，姊姊到外地念書之後就沒有人陪小越玩了，小越就每天喊著好無聊好無聊……」

蜘蛛的修復療效：宣洩說不出口的分離焦慮， 消化情緒壓力

根據兒福福利聯盟文教基金會（2016）的調查發現，半數（49.9％）兒童在一個月內曾經歷「關係失落」，也就是孩子因為和生命中重要的人發生關係變化，而使得彼此的關係變得疏遠或被迫接受分離；其中，約有四分之一（26.2％）孩子表示他們不會與別人分享這些令他感到不開心的事；有三成（29.8％）孩子表示即使他們覺得悲傷難過，也不會去找人幫忙；以及近二成（18.0％）孩子認為在悲傷難過時不知道該如何調整心情。

當孩子在面臨失落情緒感受時，大多會選擇默默承受內心的壓力，因而無法好好消化內在的情緒壓力；於是，遊戲治療成為「將潛意識帶到意識的媒介」，看似沒什麼目的的遊戲，卻是協助孩子表達無法在現實生活說出口的祕密與渴求。

除了孩子不會主動求助外，孩子的爸爸媽媽或重要照顧者也會選擇不與孩子談論該失落事件，導致孩子因找不到可以傾訴害怕感受，以及可以陪伴面對害怕的對象，導致孩子的不安全感一直提升。

　　遊戲治療中的恐怖類遊戲，可以讓孩子自在且合理地表達內在的擔憂與害怕，也在遊戲治療過程中尋求到陪伴。

　　恐怖類遊戲除了是協助孩子表達內在害怕事項的玩具外，也成為了孩子在害怕情緒過後尋求他人安慰與陪伴的媒介。當家庭從未談論到分離議題時，孩子心中已充滿不安全感，甚至無法消化分離時所帶來的情緒，進而衍生出生活中的偏差行為。

　　小越在遊戲室中重演過去跟姊姊一同進行的遊戲，藉此表達自己與姊姊的情感連結，因為小越從來沒有好好跟爸媽談過對姊姊的想念，所以小越就把自己喜歡的遊戲帶到學校，看看有沒有人跟自己一樣害怕，有沒有人可以陪伴自己、安撫自己。

　　但是，在學校的同學不知情，老師也無法理解，爸爸媽媽也不知道小越內在的真實想法。

恐怖遊戲能在遊戲過程中呈現小越最喜歡與姊姊
共同進行的遊戲，也在遊戲中獲得撫慰，就像過去
姊姊陪伴自己一樣，而遊戲室中的經驗也終於讓媽
媽理解了小越內在的渴求。

我與小越媽談起了遊戲治療歷程中小小的互動，
媽媽默默擦下眼角的淚水，我告訴小越媽：雖然
小越在家不會談姊姊的事情，但是遊戲治療的過
程可以陪伴小越走過對姊姊的想念，同時可以幫
小越修復內心的失落，讓孩子抒發內心的情緒，
在過往共同進行的遊戲中好好經驗共同的回憶，
就像姊姊平常陪著自己玩樂一樣，也能慢慢走出
失落的低谷。

善用恐怖類玩具，陪伴孩子面對擔憂 並給予安撫

當孩子面臨家人分離，卻無法好好表達出內在失落時，可以利用恐怖類玩具來表達擔憂，在無形之中成為孩子的情緒窗口。

爸爸媽媽在陪伴孩子失落情緒的時候，可以在陪伴孩子面對造成害怕感受的大蜘蛛後，給予孩子安慰與陪伴，這對於面對失落而無法具體表達的孩子來說，就是孩子內在最需要的安全感！

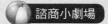
亂發脾氣後，
不知道怎麼重新和好

　　10歲的小泉在遊戲室中，特別喜歡大鱷魚跟大鯊魚，他覺得大鱷魚有尖尖的牙齒，可以保護自己；他最不喜歡臉都皺在一起的熱帶魚，認為熱帶魚看起來就好像在生氣，好像怎樣都覺得不開心！

　　遊戲治療中，小泉把大鱷魚跟熱帶魚擺在一起，小泉說：「大鱷魚很想要熱帶魚開心，但是他不知道為什麼熱帶魚一直在生氣？」小泉在大鱷魚後方擺了各式各樣的小動物，小泉說：「大鱷魚很想要很多動物一起玩，所以動物都會排在後面等他跟熱帶魚和好。」

大鱷魚就面對著熱帶魚，小泉說：「鱷魚不知道怎麼跟熱帶魚和好？」

接著，我陪著小泉一起想辦法，小泉後來想到「建造一個碼頭，只要有一個碼頭就可以讓大家都可以暫時休息一下。」

小泉的媽媽聽到熱帶魚與大鱷魚的對話後，露出不捨的眼神：「小泉在家中常常生氣，一生氣就會在家裡亂丟東西，然後就會被爸爸趕到外面。小泉很擔心被爸爸罵，而爸爸總是認為小泉是故意的，也因為小泉在家中很容易讓爸爸生氣，所以爸爸就不讓弟弟跟他玩，我都好捨不得、好難過。」

大鱷魚的投射療效：反映現實的困境，找到解決之道

《親子天下》調查發現，家長對孩子的態度會影響孩子自我評價。其調查指出「孩子擔心爸媽會因為自己不乖而不喜歡我」的人中，有51％常覺得自己比不上別人；相較於另一群，「不擔心父母會因為成績不喜歡我」的人中，只有29％常覺得自己比不上別人。

當孩子面對爸爸媽媽的指責或批評時，會擔心自己表現不佳而無法受到爸爸媽媽喜愛，慢慢的，孩子覺得自己好像怎麼做都不對，好像自己事事不如人，所以孩子愈來愈沒有自信，不知道自己還可以怎麼做。

在遊戲治療的情境之中，孩子可以透過挑選不同的玩具以扮演進行互動，間接投射了孩子內在的心境與角色，不僅可以讓孩子表達面臨指責的無助與困難，更可以陪伴孩子好好面對問題與困難。

「望子成龍，望女成鳳」在華人文化的教養之中，對於指正孩子的錯誤或缺失是教養的鐵律，爸爸媽媽期待透過指正孩子的錯誤讓孩子可以有正向的表現，卻忽略批評會讓孩子失去自信。

尤其華人的文化教養觀是「孩子不能鼓勵，否則孩子會太自滿」、「我就是愛你，才會告訴你錯誤在哪裡，外人才不會說出實話」，好像必須要有規範行為的教導者，才能夠讓孩子隨時注意要規範自己的行為。只不過，當孩子總是被指正錯誤，卻欠缺引導時，只會讓孩子愈來愈害怕，也愈來愈沒有自信。

當孩子面對爸爸媽媽指責後，選擇恐怖性玩具讓孩子能夠呈現生活中面對錯誤時的擔憂情緒。在遊戲治療的過程之中，小泉挑選的遊戲正反映了現實生活中所遇到的困境。

　　大鱷魚尖尖的牙齒、看起來充滿了敵意，正像是小泉在家中跟爸爸之間的「攻擊」；但是，小泉也對於爸爸的情緒格外敏感且感到害怕，所以會注意到熱帶魚生氣的表情。

　　小泉將自己投射成大鱷魚，看起來很兇猛，實際上卻是手足無措，小泉看起來彷彿都不聽爸爸的話語，但其實小泉很想要跟爸爸好好相處，只是不知道用什麼方法，所以小泉在遇到爸爸的時候，只記得爸爸生氣的情緒，反而不知道自己可以如何改變自己。

　　遊戲治療的最後，小泉選擇搭起碼頭，並期待可以跟爸爸之間有溝通的機會，讓自己可以重新面對爸爸並降低彼此的對立。

遊戲治療結束的時候，我跟小泉的媽媽說：小泉其實很想要讓自己變好，大家都以為小泉是故意讓爸爸生氣，其實，小泉不知道怎麼面對爸爸，而且很希望可以讓爸爸開心，所以小泉選擇了保護自己，但是小泉很想要跟爸爸之間找到溝通的橋梁，希望可以跟爸爸好好相處喔！

 生活小貼士

善用恐怖遊戲，
邀請孩子找出解決問題的方法

當孩子在家中面臨爸爸媽媽的指責時，孩子內心充滿了很多的害怕與擔憂，只是，孩子也不知道如何減少這樣的指責。

爸爸媽媽不妨透過選擇恐怖性的遊戲，讓孩子可以適時談談內在的無助感受，並陪伴孩子尋找改正的方法，讓孩子重新尋回自信。

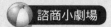

遭到欺凌，孩子的
心事需要出口

　　9 歲的小山剛進到遊戲室，便在遊戲室內探索不同的玩具。小山挑選了一隻兇猛的張嘴鱷魚，鱷魚嘴巴露出尖尖的牙齒，然後小山把鱷魚嘴巴放在我的腳趾指頭前面，說了一句：「快來吃啊！好好地吃喔，不要跟你媽一樣不聽話！」

　　在遊戲治療的過程中，小山後來選了這隻鱷魚，並跟我說：「妳有沒有覺得這隻鱷魚很噁心，牠都會叫人家吃牠的腳指頭！」、「這隻鱷魚太可惡了，牠應該要被抓去關起來！」、「妳不覺得鱷魚很噁心嗎？」

看著小山在遊戲室中所選擇的玩具與對話，思緒飄到社工轉介單上撰寫的文字：「小山曾經被繼父性侵，在性侵的過程中會要求小山從事很多不當的性活動，而小山因為年紀小無法理解這樣的行為不恰當，一直到學校進行家暴性侵防治的宣導活動時，小山才了解這樣的事件是不對的，並告訴學校老師整件事情。」

大鱷魚表達療效：連結擔憂的情境，說出壓抑的情緒

根據衛生福利部保護服務司性侵害事件通報統計數據，2020 年未滿 18 歲性侵受害者通報共有 5,978件，表示當年平均每天有 16 個孩子正受到性侵的傷害。

性侵害被害人為 18 歲以下的兒童及青少年比例占全體性侵受害者 65％，換言之，平均一年大約會發生 5,000 件兒少性侵害案件，其中女性兒童及青少年被害人約占 76％。

當性侵害事件持續增加的同時，孩子仍面臨無助的情境，處在危機之中卻不自覺。根據研究分析，

兒少成為性侵受害者大宗的原因，乃與性侵的本質「權力」息息相關，性暴力本質上即是權力的表現，在成人的世界裡，兒童先天處於弱勢，容易成為大人展現控制權力的受害者。

2020 年統計數據中，兒童及青少年性侵加害者超過八成都是「認識的人」，包含親戚、朋友、網友、同學和老師等。

通報統計顯示，兒少性侵受害者年齡愈小，家內性侵比例愈高；受害者年齡為 0 到未滿 6 歲家內性侵比率達 49％、6 到未滿 12 歲為 46％，遠高於 12 到未滿 18 歲的 11％。

年齡愈小的孩童更容易受到熟識者的兒童性誘騙，加害者會想辦法取得孩子、孩子主要照顧者的信任而漸進式地進入孩童的生活，從經營情感連結到身體碰觸（摸頭、捏臉、抱抱），而逐步進展到真正的性侵。

加害者一直傳遞出對孩子的喜愛與信任，反而會使得孩子遭受性侵後產生困惑、自責，並且很難具體說出發生什麼樣的事件，或當孩子說出性侵遭遇也不會受到成年人的相信。

恐怖類遊戲最容易呈現孩子對於擔憂事件的連結，尤其是具備攻擊傾向的鱷魚，讓孩子把遊戲治療的物件連結到內在的擔憂與害怕。

遊戲治療很直接反映了孩子所聽見及所看見的世界，正如同小山對於被性侵的過程有很多不舒服的情緒，但是小山卻不知道怎麼跟別人說出他遇到的事件與感受，所以透過遊戲治療把他最不舒服的情境演示出來，並且說出他內心在過程中不舒服的話語及對話。

只是年紀很小的孩子不知道怎麼說出內心的不舒服，甚至於在說出自己受到侵害的事實時，卻又會遭到大人的質疑，所以孩子更無法好好且自在地說出心理壓力與創傷。

唯有透過遊戲治療的隱喻過程去呈現自己看見的世界，同時也在與玩具的對話中說出自己內心壓抑已久的情緒。

我告訴轉介諮商的社工：這次的遊戲治療過程中，孩子將他所遭遇到的困境演示出來了！雖然孩子沒有辦法很具體地說出事發的詳細經過與狀態，但是孩子卻真真實實地把他的害怕與擔憂演出來……

就像一般的孩子很難會經歷到被鱷魚咬腳趾頭的經驗，且有性意味字眼的對話，所以孩子可能在遊戲治療的隱喻中演出了曾經經歷過的狀態。

生活小貼士

透過恐怖遊戲支持並陪伴孩子宣洩害怕情緒

當孩子在生活中遇到侵害或傷害性的議題時，有時候孩子無法確切的表達人、事、時、地、物的完全樣貌。

爸爸媽媽可以選擇恐怖性的物件與孩子進行遊戲，讓孩子在遊戲中嘗試宣洩個人的害怕情緒，也可以觀察孩子的情緒狀態，並加入保護或陪伴孩子的動物玩具，這樣可以讓孩子感受到被支持，也能夠引導孩子說出自己的擔憂與害怕。

可以這樣做

遊戲主題：面對恐怖大蜘蛛

適用時機：孩子遇到害怕的事情就容易躲在爸媽或陪伴者背後，面對挫折挑戰容易放棄努力。

遊戲目的 ---

1. 協助孩子表達害怕情緒

2. 培養孩子的勇敢與挫折容忍力

3. 提升孩子問題解決能力

時間：平時回家或遊戲時間

地點：遊戲區

事前準備：大蜘蛛、大鱷魚、小木棒等

步驟 ---

1. 爸媽或陪伴者將大蜘蛛、鱷魚放在遊戲區，孩子主動靠近大蜘蛛、鱷魚。

2. 當孩子靠近的時候，孩子會害怕地不敢觸摸、不敢靠近，爸媽或陪伴者可以待在孩子身邊，不強求孩子靠近。

3. 第 1-5 次：當孩子靠近大蜘蛛且露出害怕的表情，爸媽或陪伴者可以反應孩子的害怕，例：「你看到大蜘蛛，所以你很害怕」、「你很怕蜘蛛」。

4. 第 6-10 次：當孩子再度靠近且減低害怕情緒時，爸媽或陪伴者可以在孩子身邊並陪孩子拿著小木棒去接近蜘蛛，表示「我知道你很害怕，但是我們會陪你一起去把蜘蛛趕走！」

1. 進行本遊戲主題的過程,建議採用漸進式地靠近,不要直接逼迫孩子馬上靠近大蜘蛛或是立即趕走蜘蛛。

2. 在孩子靠近大蜘蛛的過程,爸媽或陪伴者可以透過步驟 3 去反應孩子的害怕情緒,讓孩子感受到爸媽或陪伴者關注自己的情緒,並且會同理自己的感受,目的在讓孩子感受到爸媽或陪伴者會陪伴自己面對恐懼。

3. 當孩子的害怕指數慢慢減低時,爸媽或陪伴者可以透過「一起找方法」的方式,讓孩子知道爸媽或陪伴者的陪伴,以及遇到問題可以尋求家人或其他資源來協助自己面對困難挑戰。

還可以深入討論的問題

1. 剛剛看到大蜘蛛的時候,你有什麼感覺呢?

2. 你覺得還有誰可以幫助你呢?

3. 我們一起把大蜘蛛趕走了,你也變得好勇敢喔!你還會做什麼勇敢的事情呢?

陪伴孩子一起走過情緒風暴

　　遊戲結束的時候,爸媽或陪伴者這樣說:「剛剛遇到大蜘蛛真的好恐怖唷!雖然你很害怕,但是有我們陪著你一起去趕走蜘蛛,所以我們最後都變得很勇敢,不用怕怕了!」

Chapter

為孩子提供
心情解方
宣洩類玩具

孩子生氣時，如果家長也跟著動了氣，

只會「火上加油」，

反而無法找出造成孩子焦慮的「兇手」。

陪孩子丟丟球吧！

透過大肢體動作舒緩孩子的情緒壓力，

或許您將發現，孩子正需要您的陪伴與支持呢！

 諮商小劇場

爸媽太生氣，
孩子「當機」了

　　小宿媽發現，每次檢查學校功課或簽名的時候，如果發現 10 歲的小宿成績不理想，或是檢討錯誤題項時，小宿常常都不說話，於是媽媽認為小宿都不會檢討自己的錯誤，甚至於都故意不動腦……

　　在進入遊戲室的時候，小宿不太會自己選擇喜歡的玩具，但在幾次遊戲治療過後，小宿選擇了球盤遊戲。

　　小宿剛開始丟球盤的時候，發現自己都不能把球黏在球盤上面。小宿一開始有點生氣，而且他覺得怎麼都沒有辦法得分，當我回應小宿：「你一次一次的試試看，就會開始有點不太一樣……」。

於是，隨著丟球的次數一直增加，小宿雖然還是沒有每次丟球都得分，但是小宿不再把生氣的表情掛著，而是慢慢鬆綁且露出笑容……

在丟了十多次球之後，小宿開始拿起一顆一顆的得分球，並且看著魔鬼氈沾黏的地方，小宿把上面的毛線一根一根拿下來，開始跟我說：「應該是這個東西卡住了，所以才不能夠一直得分。」我們兩個就在遊戲室內將毛線取下來，然後再試試看丟球，結果好像開始不一樣了，也讓彼此的分數獲得增加。

球盤的舒壓療效：舒緩焦慮情緒，才能思考問題解決策略

中國武漢市一間小學（2018）的暑假作業相當特別，不是要學生交作業，而是要學生和家長一起挑戰「21 天不生氣」。

暑假作業的統計結果顯示，家長生氣的原因超過八成都是因為子女的作業，且家長生氣的比例比孩子高了整整 25％。爸爸媽媽很容易因為孩子作業拖拖拉拉或是不願意訂正而生氣。

尤其在華人「養不教，父之過」的文化下，爸爸媽媽會將教孩子順利完成作業的重責大任放在身上。但是這樣的焦慮與責任卻形成了親子之間的緊張氣氛，甚至讓孩子在與爸爸媽媽討論作業時，不自覺陷入焦慮情緒中，甚至影響問題解決策略。

　　當我們處於過高的焦慮時，會阻礙個人的思考能力，亦即我們會將注意力從認知處理轉移到跟作業無關的威脅及負向想法上。

　　換句話說，當孩子處在焦慮情緒時，很難直接去解決作業上面的問題；所以，我們會看到孩子在被老師點名或臨時上台的時候，常常會僵住或不知道怎麼回答，這主要是因為孩子卡在「焦慮情緒」之中，而無法應變並產生「解決問題的策略」，這也代表著孩子正陷入焦慮情緒之中，無法順利開啟認知運作能力。

　　此時，透過遊戲的過程，幫助孩子先處理焦慮情緒，讓焦慮情緒獲得舒緩後，孩子才能重新啟動思考運作，並且進入到作業完成的狀態。

黏黏球盤遊戲最大的好處是，可以幫助孩子舒緩自己的情緒壓力，而且隨著丟出球的次數增加，每次丟出的剎那都像是情緒紓解的管道。

　　原本小宿對於自己都無法得分而感到生氣，但是隨著一直丟出去的球就像是把情緒丟出去一樣，小宿的情緒獲得紓解，就算沒有得分也不會特意的在乎，甚至於能夠釋放出自己原本期待的鬆綁。

　　在遊戲治療的歷程之中，針對特別容易焦慮的孩子來說，使用球盤的遊戲更能夠協助孩子舒緩壓力與情緒，並協助孩子先找到處理焦慮情緒的方式，也增進孩子問題解決的能力！

　　當小宿經歷前面丟球釋放壓力之後，小宿還可以去思考為什麼無法突破得分，進而找到解決問題的好方法；這時候的小宿跟媽媽原本看到的不動腦、不說話的小宿是完全不同的。

在遊戲治療結束的時候，我告訴小宿媽：小宿並不是故意不寫作業，也不是故意不動腦，而是媽媽在幫小宿檢討作業的時候，小宿卡在情緒裡面，很擔心自己的錯誤會讓媽媽生氣。

當小宿在家裡很焦慮或是無法好好說話的時候，媽媽不要急著要小宿馬上開口說出答案，而是先暫時擁抱一下小宿或是先喝口水，等小宿比較放鬆之後再跟他討論原本考試的錯誤，可以增加小宿的課業練習，同時也能夠增加小宿的學習吸收能力。

生活小貼士

爸媽不要急，先和孩子玩丟球舒緩情緒

在家中陪伴孩子檢討作業或完成作業的過程，當孩子粗心犯錯或是錯誤比例較高時，爸爸媽媽不要焦急地指責孩子的錯誤，或是當爸爸媽媽發現孩子已經當機而無法準確回答錯誤題項時，建議先緩解孩子的情緒。

丟球遊戲可以讓孩子先釋放自己的情緒壓力，當孩子釋放焦慮情緒後，才能進行認知思考，再慢慢回到學習情境之中。

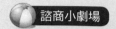
諮商小劇場

老師一直罵孩子，孩子說不出口的生氣

　　第一次見到 7 歲的小恩，白淨的臉龐卻眉頭深鎖，好像有說不出的情緒……

　　小恩在踏進遊戲室的時候，很快就拿著球盤一直丟、一直丟，只要丟完一回合，小恩馬上準備下一回合的球盤遊戲……

　　看著小恩一直丟著球盤，我在遊戲室內追蹤他的每個動作，同時也試著回應小恩在每次丟出球時的情緒；小恩一開始只是很單純地往球盤上面丟出球，接著愈來愈用力，隨著每顆球丟向球盤發出愈來愈大的聲音，小恩的情緒也像水庫的水整個洩洪出來……

小恩丟了一個小時的球後，說：「這個遊戲也太好玩了！」然後露出了淺淺的微笑，深鎖的眉頭終於鬆開了……。我知道小恩的心情終於獲得抒發。

我敘述小恩遊戲過程的笑容，小恩媽告訴我：「小恩最近在學校常常跟老師有衝突，有時候會故意忽略老師說的話、有時候會抗議老師不聽他解釋，我剛開始都認為小恩是故意不聽話，所以就會一直罵他……，後來，我聽到小恩跟安親班老師說出事情的緣由，而且我看到老師常常傳給我情緒用語的對話，我才開始覺得小恩應該也有自己的委屈。」

球盤的解氣療效：透過投球宣洩憤怒， 找回最舒服的自己

根據教育部校安中心統計，校園管教衝突事件的通報量，從 2018 年開始大幅上升，2020 年多達 1,921 件，師生之間的衝突有 470 件，占比高達 24.47%，是最多的類型。

這樣的比例攀升，顯現教師與學生在面臨衝突情景，彼此之間無法尋得消除衝突的正確因應方式。

若教師仍然採用過往的權威方式進行教室與教學管理，而家長卻希望教師能夠尊重孩子的受教權利，反而讓師生之間的衝突加劇或引發後續的親子衝突。

倘若師生之間有所衝突，卻又不能及時獲得處理與解決，學生的反應小至默默消極抵抗，大至暴力相向，老師都必須能夠回應學生的情緒狀態，甚至自己亦須有適當的情緒管理。否則，對於權力不對等的孩子來說，無疑再次經歷衝突的傷害。

在孩子經歷師生衝突的歷程中，孩子對於權力者往往會希望獲得靠近與改變，同時也期待可以獲得認同，但是當教師無法給予孩子適切的關愛時，家長若單方面聽老師的說法，可能造成親子之間的誤會或衝突，家長除了陪伴孩子找到師生互動經驗的困難所在，同時也需要陪孩子尋找解決問題的方法。

遊戲治療的球盤遊戲可以讓孩子好好表達他的憤怒，當小恩好好面對自己的憤怒，彷彿就是把所有壓抑的情緒宣洩出來，此時我們就可以在過程中陪伴孩子去表達負向的情緒，而孩子也不需要直接面對大人不停地詢問，反而可以很安心自在地抒發個人的感受。

　　當小恩進到遊戲室內，自由選擇可以丟球的球盤遊戲，是將累積已久不舒服的情緒好好抒發，透過一次次把球用力丟出，就像是一次次把不舒服的心情丟出去。小恩不用直接面對老師，卻可以把球盤想像成他的壓力抒發水庫，這一個小時內就把所有的不滿丟出去。

　　當孩子可以好好抒發自己的負向情緒時，孩子就可以回到自己最舒服的狀態，也能夠試著說出自己經歷過的痛楚。

　　我告訴小恩媽：這次的遊戲治療過程中，小恩終於可以把它累積好久的委屈都丟出去了！雖然孩子曾經選擇不說，但是小恩其實內心有滿滿的生氣與不滿，但是卻沒有辦法好好地抒發……，

所以在一個小時丟球的過程中，小恩把自己的情緒透過丟球好好發洩了出來。

現在小恩的情緒獲得了抒發，所以回家會有釋放的笑容。我也跟小恩媽媽說：媽媽可以試著讓老師知道小恩在進行遊戲治療並學習情緒調適的方法；也請老師以後可以跟小恩溝通，因為小恩已經在學習溝通。

生活小貼士

選擇丟球遊戲，幫孩子釋放內心憤怒！

當孩子在學校或家庭之間面臨衝突的議題時，有時候孩子會選擇不說，但是內心卻有無限的壓力。

爸爸媽媽可以選擇球盤式遊戲，讓孩子在家中透過安全且適當的丟球得分行為來釋放情緒，透過丟球的動作讓孩子間接以身體的語言去宣洩內心的壓力，這樣可以讓孩子比較自在地再回到學校情境中，先釋放出內在的憤怒再來慢慢復原內心的傷痛。

受同學欺負，
孩子只想要祕密基地

15 歲的大安是個又帥氣又高瘦的青少年，對於自己喜歡的科學研究總能夠侃侃而談，但是談到上學卻總是迴避，尤其是開學以來的就學總不太穩定，隨時都會因為身體不適而不去上學……

大安進到遊戲室內，最喜歡選擇球盤的丟球遊戲。第一次遊戲治療的過程就丟球丟了 20 分鐘，第二次丟球丟了 10 分鐘，第三次丟球丟了 8 分鐘……，每次選擇丟球遊戲都會讓大安比較舒服，甚至丟完球就會開始跟我對話。

我知道，對於大安來說，丟球能讓自己情緒可以獲得釋放，丟完球就可以聽到大安會大大吐出

一口氣，同時也會展露自在舒服的笑容。

在第四次遊戲治療的時候，大安依然丟球得分……，這一次，大安把球拿了起來並且藏在大娃娃底下，大安覺得這顆球需要被保護，所以把球藏在娃娃底下。

大安希望有一個可以保護球的空間，所以讓球藏在角落休息著，大安說：「球在這邊就不會被看見，也不會有人來找球了！」大安好像幫球找到了一個收藏的角落，就不用擔心一直被打擾了！

我告訴大安媽：「其實在大安心中有顆安全且期待自我保護的球。」

大安媽突然不說話且哽咽表達：「我一直想要幫他處理這件事情，想要讓他更勇敢，所以一直告訴大安，不可以讓同學欺負自己或是開自己玩笑；我一直告訴大安『欺負別人很不對，以後要快點跟媽媽說』，甚至於我總會在開車的途中播放『如何保護自己的故事』……。可是，大安很不喜歡這樣的狀態，在某一次播放這類故事的時候，大聲跟我說：『夠了！不要再說了！』我好像成為他的另一個壓力了！」

球盤的保護療效：在規範內合理的宣洩情緒，
擁有喘息機會

校園霸凌也是全球重視的國際議題，根據聯合國 2019 年公布的校園霸凌相關報告（Behind the numbers: Ending school violence and bullying），全球每 3 位兒童就有 1 位在 1 個月內曾遭遇校園霸凌或暴力，全球大部分地區都有超過 30％的學生曾被霸凌。

兒童福利聯盟歷年來的調查發現，六成的受害者在面對霸凌的當下多選擇隱忍，而實際上會向老師求助的人只有三成，顯示被人欺負時，孩子們的因應方式還是採取「忍耐」居多，其次是報告家長，再其次才是告訴老師。

就調查數字可發現，當爸爸媽媽認為問題在孩子身上時，往往會一直耳提面命提醒孩子的行為常規，而反覆提醒與提及創傷事件卻也成為孩子身上無法言喻的壓力。

有些被霸凌的孩子認為，跟爸爸媽媽說了之後會讓情況更糟糕；有些孩子認為隱忍一時就會沒事了，所以選擇不跟爸爸媽媽說。然而，在此同時，孩子

卻也一直找尋被排擠的原因，最後竟選擇相信：「一定是自己有問題，所以別人才這樣對我。」

當爸爸媽媽沒有發現事態的嚴重性，一直到孩子提出想要轉學或是已經有傷害自己的情形出現時，此時孩子都已經身心受創嚴重了；爸爸媽媽看到孩子身心受創會格外著急，同樣地孩子也可能陷在無法判斷與思考的無助中。

此時，爸爸媽媽先給予孩子足夠的陪伴以減緩孩子的情緒壓力，再慢慢與學校合作以增進孩子的自我保護能力。

丟球盤得分的遊戲，對於曾經遇到霸凌事件的兒童來說，是個合理抒發情緒壓力且在規範內獲得情緒的釋放。

事實上，因為孩子很清楚霸凌事件不符合學校規範，但是卻無法適時求助，孩子很想要找到管道抒發情緒，因為爸爸媽媽總是要求孩子忍讓，然而實質上孩子的情緒都已經幾乎潰堤。

大安嘗試保護自己，但是卻總是躲不過霸凌者的靠近，大安只能嘗試尋求安全角落想要自我隱藏；

但是過多的情緒壓力卻很難在短時間內消化，所以丟球盤遊戲一部分能夠在得分範圍抒發情緒壓力，同時也符合安全的規範。

對於大安來說，霸凌事件有著極高度的壓力，所以透過球盤的丟球來抒發壓力，而大安也在尋找保護自己的機會，只是大安不希望媽媽一直靠近跟逼問，所以大安最後選擇了一個安全的大娃娃讓自己可以躲起來喘息。

在遊戲的最後，我告訴大安媽：對於現在的大安來說，先不要急著讓大安保證自己可以安全，現在要先讓大安的情緒可以釋放出來，之後大安在安全且可以被保護的空間之中能夠好好地休息。

遊戲治療可以讓大安的情緒獲得抒發，並且讓大安獲得保護的角落，同時也給予大安治癒的舒適感。

 生活小貼士

面對霸凌，先讓孩子有滿滿的安全感吧！

當孩子遭遇到霸凌事件時，爸爸媽媽暫且不用急著告訴孩子要怎麼樣保護自己、更不需要檢討孩子是否有過錯，而是先讓孩子感受到家庭的安全感，當安全感足夠了，孩子就會跟爸爸媽媽說自己的委屈跟傷害。

爸爸媽媽暫且在家陪孩子丟丟球盤或是出去打球來釋放壓力，然後睡前抱抱孩子增加安全感，在這樣的情況下就可以讓孩子比較安心，且願意讓自己好好說出內心的傷害！

 可以這樣做

遊戲主題：黏黏球情緒風暴

適用時機：發現孩子只要事情不如預期就會生氣，或學校老師反應孩子在學校常常生氣或是悶悶不樂。

遊戲目的

1. 協助孩子表達個人情緒

2. 幫助孩子宣洩情緒壓力

3. 提升孩子問題解決能力

時間：放學回家之後、假日在家休閒時間

地點：遊戲區

事前準備：黏黏球盤、5-6 顆黏黏球

步驟

1. 為孩子準備一組黏黏球盤，讓孩子自由丟球。

2. 觀察孩子的遊戲，鼓勵孩子將球丟出即可，未得分亦可。

3. 孩子每天可以丟球至少 5-10 分鐘。

小叮嚀

1. 遊戲的過程主要在讓孩子宣洩情緒，而非是否得分或擊中中心點。

2. 本遊戲主要在允許孩子自己去經驗遊戲中的情緒流動、去發現遊戲。過程的情緒發洩，並透過以下爸媽或陪伴者的回應方式帶領孩子去了解和學習解決問題的方法。

3. 孩子未射到中心點或因丟球偏誤而產生失落情緒時，爸媽或陪伴者可以回應「只差一點點了」、「你一次比一次進步」、「雖然沒有得分，但是每次都有一點點不一樣」。

4. 當孩子射到自己理想的分數時，爸媽或陪伴者可以回應「哇！你做到了！」、「你找到好方法了！」。

還可以深入討論的問題

1. 剛剛把球丟出去之後，你的心情有什麼不一樣？

2. 我剛剛看到你很用力丟球，好像把不開心都丟掉了，你有丟掉哪些不開心的事情嗎？

3. 當你不開心的時候，你會想把哪些東西丟掉呢？

陪伴孩子一起走過情緒風暴

遊戲結束的時候，爸媽或陪伴者可以這樣說：「剛剛的丟球遊戲，好像把好多不開心的心情都丟掉了，你如果不想跟我們說是什麼事情，那你可以想像把壞心情跟壞事情一起跟球丟出去喔！」

讓我們一同在家庭
與孩子幸福之路前進

　　完成這本書之後，總算讓自己的心理師工作有個很重要的註記。除了心理師的工作外，也讓自己在心理學與家庭教育兩大專業領域做了最完美的結合——因為遊戲治療，帶孩子走過傷痛與重塑生命，所以本書分享了遊戲治療室最常使用的媒材。因為投入家庭教育而深信家長的用心與學習，所以透過本書，我想讓更多家庭帶來改變的契機。

　　期待藉由這本書關於遊戲媒材的使用與建議，讓更多人可以認識遊戲治療與家庭教育的意義與重要性。

　　本書期望可以讓家長與專業人員從不同角度來認識孩子遊戲的意義與玩具的使用，當孩子的行為或情緒未影響到生活常態，家長即可選擇書內所推薦的遊戲媒材來協助孩子適時緩解情緒。

　　然而，當孩子真正遇到高壓力或情緒困擾的時候，抑或是學校老師提出孩子需要專業資源的評估

時，依然建議家長尋求專業人士的輔導諮商以協助孩子走過情緒風暴。醫師與心理師會透過更仔細的兒童發展理論、情緒評估量表、家長評估工具等方式，更詳細評估與衡鑑孩子的發展狀況，進而提供專業的建議與轉介資源。

遊戲治療具備神奇的療效（見附錄），透過專業心理師的介入可以治癒孩子身心創傷與重新找回自我。

理師在遊戲治療的過程中，會反覆進行著「心理動力分析」、個案概念化的評估」、「諮商輔導技巧的使用」、「遊戲治療策略的介入」等一連串的衡鑑與處遇，這需要一段不短的時間，非一次兩次就立即看見明確的改變（所以書中的案例常會提及第一次遊戲治療、第二次遊戲治療⋯⋯）。

遊戲治療需要階段性的介入（約 5-10 次的輔導不等），分別會經歷起始期、治療期跟追蹤期三個階段，心理師會在初始期與孩子建立關係、評估孩子的問題，治療期將進入心理症狀的緩解並改變孩子的心理素質，最後才能達到治療的目標。這段治療期間，心理師會透過適合孩子狀態的遊戲媒材，引

導孩子的情緒紓解與宣洩，找到解決心理問題的癥結點，然後陪伴孩子找回自我的力量，進而延續到生活情境與家人互動。

遊戲治療看似陪伴孩子遊戲，心理師需要有豐富的理論架構與完整實務經驗的整合，才能帶領孩子有所改變與成長，而家長的陪伴更是延續改變的重要角色。

家長平時也能夠利用書中介紹的遊戲媒材，在家中準備這些遊戲媒材，並搭配書中的建議使用方式，在生活中讓孩子適時地調控情緒。我相信，若孩子平常就能夠舒緩自己的情緒壓力，那麼一定可以減少情緒風暴的威力，本書就是家庭用來緩解孩子情緒的工具書。

這本書的完成，首先要感謝孫大川資政的引薦，感謝出版社的洪美華社長、何喬編輯的用心，感謝各界前輩的推薦序，感謝先生與家人的鼓勵，更感謝這本書中的案例與家長，因為你們的信任而能夠完成此書，因為你們的支持而能夠讓我分享專業。最後，感謝閱讀完本書的各位，讓我們一同在家庭與孩子幸福之路前進。

附 錄

遊戲治療前後行為表現對照表

療癒類別	遊戲治療前	遊戲治療後
情感表達	對話中沒有情緒。 例：我不知道今天怎麼了？就很煩。	對話中展現情感與事件。 例：我今天很開心，因為跟同學一起玩。
情緒焦慮	重複性行為。 例：摳指甲、咬指甲、反覆洗手。	減少重複性行為比例。 例：指甲逐漸長出來、1小時洗10次手，減為1小時5次。
情緒易怒	無法調控情緒。 例：每天生氣5次、每次生氣30分鐘以上。	調控自己的情緒。 例：從每天生氣5次減為每天2次、每次生氣30分鐘減為每次5分鐘。
口語互動	獨自遊戲。 例：遊戲的時候不跟別人說話。	合作遊戲、互動遊戲。 例：遊戲過程互動對話。
自信心	擔心別人的評價。 例：不敢看他人眼睛對話、事情回答「不知道」。	自在表達自己的想法。 例：看他人的眼睛對話、嘗試表達想法。
問題解決能力	不玩遊戲、等待大人的指令。 例：玩具壞了就放在旁邊不玩。	帶著信心和想好的計畫來遊戲。 例：玩具壞了就找工具修理或請大人幫忙。
行為規範	孩子違反大人的設限規則。 例：玩遊戲為了要贏，一直變換遊戲規則。	遵守大人的設限規則。 例：玩遊戲遵守事先討論好的規則。
挫折容忍力	無法接受挫折或失敗。 例：當遊戲輸了，孩子就會大哭或生氣。	可以接受挫折或失敗。 例：當遊戲輸了，孩子就會重新下次挑戰或再來一次。

用遊戲陪伴孩子走過情緒風暴
培養孩子的 IQ、EQ、AQ、MQ 能力！

作　　　者：張雅淳
特約編輯：凱特
封面設計：謝彥如
插　　　畫：謝彥如
美術設計：洪祥閔

社　　　長：洪美華
責任編輯：何　喬
出　　　版：幸福綠光股份有限公司
地　　　址：台北市杭州南路一段 63 號 9 樓之 1
電　　　話：(02)23925338
傳　　　真：(02)23925380
網　　　址：www.thirdnature.com.tw
E - m a i l：reader@thirdnature.com.tw
印　　　製：中原造像股份有限公司
初　　　版：2023 年 9 月
郵撥帳號：50130123 幸福綠光股份有限公司
定　　　價：新台幣 300 元（平裝）

總經銷：聯合發行股份有限公司
新北市新店區寶橋路 235 巷 6 弄 6 號 2 樓
電話：(02)29178022 傳真：(02)29156275

國家圖書館出版品預行編目資料

用遊戲陪伴孩子走過情緒風暴：
培養孩子的 IQ、EQ、AQ、MQ
能力！／張雅淳著 -- 初版 . -- 臺
北市：幸福綠光，2023.09
面；　公分

ISBN 978-626-7254-27-1 (平裝)

1. 親職教育 2. 遊戲治療 3. 兒童
心理學

528.2　　　　112013084

新自然主義